Daivika

21 Stufen zur Göttlichkeit

Einweihung in die Strahlenkraft der Elemente

Smaragd

Über die Autorin

 Daivika wurde 1970 geboren und lebt gemeinsam mit ihrer Familie und ihren beiden Katzen in einer Kleinstadt bei Baden Baden.

Sie ist psychologische Beraterin, Heilmedium, Lehrerin für energetisches Heilen und gibt dieses Wissen in Workshops weiter.

Workshop-Programme und Termine können unter folgender eMail-Adresse angefordert werden.

daivika@t-online.de

Inhalt

- Vorwort 7
- Einführungsworte von RA 9
- Lady Nada für die Weiße Bruderschaft 11
- MARA: Wasserelement 13
- PELE: Feuerelement 17
- MAHATMA: Holzelement 21
- ROWENA, MARIA MAGDALENA, SANANDA:
  Lichtelement 24
- PALLAS ATHENE, WHITE EAGLE: Luftelement.....27
- LADY GAIA: Erdelement 31
- GWYNEFER: Metallelement 35
- NATHANAEL: Reise ins Licht 39
- RA: Sonnenelement 47
- Sanandas Worte an dich 52
- 21 Stufen zur Göttlichkeit 55
  - Stufe 1: EL MORYA 58
  - Stufe 2: KONFUZIUS 60
  - Stufe 3: LADY ROWENA.......................62
  - Stufe 4: SERAPIS BEY 63
  - Stufe 5: HILARION 65
  - Stufe 6: LADY NADA.............................66
  - Stufe 7: SAINT GERMAIN 67
  - Stufe 8: MAHA COHAN 69
  - Stufe 9: SANANDA 71
  - Stufe 10: KUTHUMI................................74
  - Stufe 11: MAITREYA...............................76
  - Stufe 12: SANAT KUMARA 78

– Stufe 13 - 20:
  MARA, PELE, MAHATMA, LADY ROWENA,
  MARIA MAGDALENA, SANANDA, PALLAS,
  ATHENE, WHITE EAGLE, LADY GAIA,
  GWYNEFER, RA...80
– Stufe 21: Ebene der Lichtarbeiter......................82

• Aufnahme in den Bund der Weißen Bruder- und
  Schwesternschaft 84
• Danksagung 88

Vorwort

So viele Dinge geschehen, alte Wunden dürfen heilen, und neue großartige Pläne entstehen, um den Platz einzunehmen, der durch unsere gemeinsame Arbeit geschaffen wurde. Wir alle wissen, dass uns die Kraft unserer Visionen den Weg zu einem Tor in eine Neue Zeit aufgezeigt hat. Einen Großteil dieses Weges haben wir bereits zurückgelegt, auch wenn wir manchmal wehmütig noch einmal zurückblicken, so ist es gerade die Liebe aus den himmlischen Reichen, die uns dabei unterstützt, das Ziel nicht aus den Augen zu verlieren, um so beschützt einen Schritt weiterzugehen. Gerade als ich dabei war, eine Kindergeschichte zu verfassen, meldete sich RA bei mir mit der Bitte, die Texte für das vorliegende Buch aufzuschreiben. Ich selbst hätte den Anfang dieses Buches nicht liebevoller beschreiben können, wie es RA an diesem Tag tat. Deshalb habe ich seine Worte an mich als Einführungstext einfach übernommen. Während seiner Durchgabe fühlte ich mich, als hielte ich die Sonne selbst in meinen Händen. Ich hoffe von ganzem Herzen, dass dieses Gefühl auch dein Herz erreicht und wir durch dieses Buch Hand in Hand gemeinsam ein weiteres Stück des Weges gehen.

Daivika

Einführungsworte von RA

Das Wissen der Elemente wird in den kommenden Wochen und Monaten sehr an Bedeutung gewinnen. Zu jedem Element wird die zugehörige Kraft in eure Hände gelegt werden, sodass ein nochmaliger Anschub der heilenden Energiefrequenzen auf die Erde einströmen und das Potenzial der Heiler, noch beginnend im Jahr 2010, jegliche Skala, die bisher auf Mutter Erde erreicht wurde, übersteigen wird. Es werden sich Krankheiten verabschieden, deren Kern und Ursache tief verwurzelt in der Erde liegen und die für eure Weiterentwicklung immer und immer wieder ausbrachen und in Form gebracht wurden. Um diese in ihrer Endgültigkeit aus dem Sein von Mutter Erde zu entlassen, diese alten Muster aufzulösen in der Unendlichkeit der Seinsatmosphäre, benötigt ihr die Unterstützung der Elemente in Verbindung mit ihren Farb- und Kraftqualitäten. Und so treten wir an dich heran, dieses Werk über die Wahrheiten der Elemente innerhalb dieser Durchgangsperiode anzunehmen, aufzuschreiben und dadurch dafür Sorge zu tragen, dass diese Energiequalität sich auf der Erde verbreiten kann und darf. All die Kenntnisse um die Kraft der Elemente, das Lesen eines sehr alten und für die Kinder der Erde nun mit göttlichen Strahlen angereicherten Wissens durchdringt festgefahrene Strukturen und lässt alles lösen, was nicht mehr zu dieser Zeit mit der Energiequalität von Mutter Erde kompatibel ist. Die kommende Zeit wird unter dem Stern bleibender und allezeit andauernder Veränderungen stehen. Veränderungen, die ihr mithilfe dieser kraftvollen Energien, die euch nunmehr zuteilwerden, herbeiführen könnt.

Es ist ein Einfaches, die Elemente und ihre Kräfte in eurer Seinsatmosphäre anzuwenden, da wir, sobald ihr damit beginnt, euch mit den Elementen auseinanderzusetzen, euch dabei begleiten und unterstützen. Ihr werdet unsere Hilfe und liebevolle Kraft allezeit spüren, gleichfalls die helfende Hand, die wir euch immerzu reichen, wenn ihr um Unterstützung ruft.

Seid gewiss, die Arbeit mit den Elementen ist uns ein so wichtiges Anliegen, dass es für alle göttlichen Wesen in unseren Ebenen auch eine sehr große Freude ist, beim nächsten Entwicklungsschritt für euch und Mutter Erde mitwirken zu können.

Sonne und Licht,
Schatten vergangener Zeiten bricht.
Tobende Wellen, unruhige Fluten der Vergangenheit
verkünden den Anbruch einer neuen Zeit.
Rauer Wind des Wandels trägt Frieden in sich,
der Blitz des Karon für immer bricht.
Liebevolle Strahlen aus dem Reich des Lichts,
ein Goldenes Zeitalter für die Erde ist in Sicht!

Sonne in dein Herz,
von mir zu dir aus der Ewigkeit von RA

Lady Nada für die Weiße Bruderschaft

Sei dir bewusst, dass durch die Arbeit mit den Strahlen der Elemente der Zugang zu den lichten Ebenen spielerisch einfach wird, da dein physischer Körper in seiner Reinheit die antrainierte Grenze zwischen Himmel und Erde umgehen und die mental so lange aufgebaute Trennung sich nach und nach auflösen kann.

Es ist sehr wichtig, dein ganzes Vertrauen in uns und diese Arbeit zu setzen, dich willentlich dazu zu entscheiden, himmlische Kräfte über dich wirken zu lassen, um eventuell auch andere Mitstreiter unter Anwendung dieses Wissens anzuleiten und zu unterstützen. Wir können und werden dir immer wieder die Sicherheit in Erinnerung rufen, dass du von uns geschützt und in jedem Moment deines Seins durch uns geliebt bist. Sobald du dich mit einem der acht Elemente verbindest, hüllen wir dich ein in unser schützendes weißes Licht. Wir nehmen uns an den Händen und bilden einen Schutzkreis um dich, an dessen Dichte jede andere Energie abprallt. So ist dir die Möglichkeit gegeben, in der Mitte dieses Kreises dein Wirken über die Strahlen in aller Ruhe zu entfalten. Unsere Liebe für dich und Mutter Erde ist unendlich, und wenn du jetzt für einen kurzen Moment deine Augen schließt, kannst du die Intensität dieser Liebe in deinem Herzen spüren.

Gleich einer Rose, die als Knospe viele Erfahrungen machen konnte und auch wollte, und die jetzt in der vollen

Blüte ihrer Kraft steht. Wunderschön gewachsen an sich selbst, und gerade durch ihre Schönheit in der Lage, den Zauber der Liebe für andere sichtbar zu machen und in die Welt zu tragen.

Heute schenken wir dir eine weiße Rose, die ich dir, wie durch einen sanften Windhauch getragen, in dein Stirnchakra puste. Es ist das Zeichen der Weißen Bruderschaft und unseres gemeinsamen Wirkens für Mutter Erde. Jedes Blütenblatt trägt in sich die Bestandteile eines Strahls, gewachsen durch die göttliche Energie der hierauf wirkenden Kräfte.

Allezeit möge dir das Symbol der weißen Rose in Erinnerung rufen, dass du ein Teil von uns bist und durch dich unser Wirken für die Erde erfahrbar gemacht wird. Liebevoll begleiten wir dich mit unserem Segen und werden dich ununterbrochen schützen. Auch unterstützen wir dich dabei, alle noch vorhandenen Mauern zu durchbrechen, auf dass du ankommen kannst im Himmel auf Erden.

Sei gesegnet!
Lady Nada für die Weiße Bruderschaft

MARA: Wasserelement

Seit dem ersten Atemzug der Erde bin ich Hüterin des Wasserelements, Lenkerin der Kräfte dieser Naturgewalten und Beschützerin aller in diesem meinem Schutzbereich lebender Geschöpfe. Im erweiterten Bewusstsein von Mutter Erde erhebe auch ich meine Stimme, um die Wahrheiten des sich bündelnden Kraftstrahls, zusammengesetzt und enthalten in jedem einzelnen himmlischen Regentropfen, an dich weiterzugeben. Mit jeder Faser meines Seins und all der darin verborgenen Fähigkeiten werde ich das Wissen in dein Herz schicken in der Gewissheit, dass du es in Liebe anwenden und weitertragen wirst. Dies ist einmalig, und zum ersten Mal ist die Entwicklung eines dualen Planeten so weit fortgeschritten, dass sich die Anzahl der Kraftelemente auf Acht erhöht.

Und im geschützten Bereich dieser acht Elemente segne ich dich durch die Kraft des Wassers und öffne dir den Kanal für den ungehinderten Fluss meines Wissens in dein Sein. So höre meine Worte:

Aller Anfang entspringt einer Quelle, gespeist aus dem Wasser der Erfahrungen des Lebens; somit steht jeder Neubeginn unter meinem ganz besonderen Schutz, soweit ihr diesen wünscht. Denn auch hier zählt wie in allen Ebenen unseres Bereichs euer Wille mehr denn der unsere. Sobald ihr euch jedoch entschließt, mich unterstützend an eure Seite zu bitten, werde ich euch in Anerkennung eures Willens meine bedingungslose Hilfe zuteilwerden lassen.

Die unzähligen Anwendungsmöglichkeiten, die euch das Element Wasser bieten wird, sind von großem Ausmaß, und ich werde euch hier nur einige von vielen nennen. Doch ihr werdet spüren, je mehr ihr mit diesem Element arbeitet, desto stärker werdet ihr selbst ein Teil des Wassers und wie ein ausgesuchter Tropfen desgleichen immer ein größeres Stück der eigenen Wahrheit erfahren und in Anwendung bringen.

Wenn die Welle sich in Bewegung gesetzt hat, wird sie nicht mehr aufzuhalten sein, bis alles Wissen in deinem Sein gestrandet ist.

Die grüne Farbe des Smaragds prägt den Farbstrahl des Wasserelements. Lass einen Strahl in dieser Farbe aus deinem Herzchakra entstehen und verbinde diesen geistig mit einem Ziel. Wenn beide Punkte durch diesen

Strahl in Verbindung stehen, überlasse alles Weitere den wirkenden Kräften des Wasserelements. Über diesen Farbstrahl, verbunden mit deinem Herzenswillen, können diese Kräfte sogleich damit beginnen, in dir und durch dich zu wirken.

Es ist immer die gleiche Vorgehensweise. Wenn du zum Beispiel das Wasserelement für eine körperliche Heilung anwenden möchtest, bilde den Farbstrahl aus deinem Herzen und lass ihn wachsen, bis hin zu dem Geschöpf, das diesen Heilungsprozesses benötigt. In diesem Fall werden ganz bewusst die Delfine und Wale mit ihren heilenden Tönen in den Strahl einwirken, um so über dich wirken zu können.

In jeden Smaragd, der dir zur Verfügung steht, kannst du durch eine einfache Verbindung über den Farbstrahl aus deinem Herzen direkt in den Kristall die Kraft des Wasserelements bündeln und diesen als Heilstein zur Anwendung freigeben. Eine solche Programmierung durch dieses Verfahren ist so stark, dass die Energie des Heilsteins bis in die nächste Ära der Erde die Kräfte in sich trägt und diese immer wieder zur Entfaltung bringt.

Bei unserer gemeinsamen Arbeit ist eins von unabdingbarer Bedeutung, und das ist dein Vertrauen mir und auch den für mich wirkenden Kräften gegenüber. Die Kraftstrahlen des Wasserelements werden von mir allezeit geschützt, und es ist unmöglich, dass andere Kräfte als die, die von mir erwählt wurden, hier über dich zum Wirken kommen. Alle Lichtarbeiter, die durch dieses veröffentlichte Wissen für uns und Mutter Erde die Arbeit mit den Farbstrahlen der Elemente aufnehmen, stehen unter dem Schutz des Zeichens der Weißen Bruderschaft.

Wie auch immer du dich entscheidest, das Wasserelement in seiner Vielfalt zur Anwendung zu bringen, mein Sein wird dich begleiten von heute an, bis zu dem Zeitpunkt, an dem wir uns gegenüberstehen, lächelnd und gewachsen über die Verbindung unseres gemeinsamen Wirkens für Mutter Erde und ihre Kinder.

Und so segne ich dich mit der Kraft des Wassers
und den Wellen meiner dich umspülenden Liebe
von heute an für alle Zeit

MARA

PELE: Feuerelement

Wenngleich ihr tief in eurem Herzen die Ansicht gespeichert habt, dass die Kraft des Feuerrituals alte Wunden auflösen kann, so darf ich heute eure Wahrheit um dieses Wissen erweitern. Alle alten, auch in sich bereits gebrochenen Strukturen bleiben auch während und nach dem Akt der Verbrennung in ihrer Form. Alles bleibt und kann in seiner Endgültigkeit nur an Format verlieren, wenn es zuvor auch geheilt wurde. Was wären es sonst für Erfahrungen, die ihr einst selbst erwähltet und nunmehr durch den einfachen Gebrauch von Feuer verabschieden könntet? Unwiederbringlich kann ein Abschluss immer nur dann stattfinden, wenn vorher Heilung geschehen durfte.

Der Farbstrahl des Feuerelements gibt euch die Möglichkeit, dort hinzuschauen, wo noch Heilung stattfinden darf und noch ein wenig Wachstum der eigenen Seele erfahrbar gemacht werden kann. Wie bei einem lodernden Feuer, das erst nach und nach langsam zur Ruhe kommt, seht die Zeit, in der ihr euch momentan noch befindet. Die letzten, fast schon verglühten Feuerzungen brechen nochmals auf, um sich dann, losgelöst und befreit in ihrer Endgültigkeit, aus dem Sein von Mutter Erde zu verabschieden.

Und so möchte ich dein Wissen mit der Kraft des Feuerelements anreichern, damit der Umgang mit dem Farbstrahl des von mir gehüteten Elements dich in deiner abschließenden Entwicklung unterstützen kann. Geprägt ist dieser durch ein dunkles Blau, durchzogen mit einem sich vom Kern heraus entwickelten, tiefroten Eigenstrahl. So, wie die Lava eines Vulkans durch die rote Farbe der glühenden und alles verändernden Hitze gekennzeichnet ist. Dies ist die machtvolle Kraft des Endgültigen, der Vulkan ruht in sich, um dann mithilfe der heißen Lava die Strukturen endgültig aus seinem Sein zu entlassen.

Jeder Lavastein auf Hawaii trägt meine Energie und somit die stärkende Kraft in sich, neue Wege zu gehen, die alten Dinge vorher loszulassen und die Möglichkeit, ohne Ballast schneller ein gesetztes Ziel zu erreichen. Wenn du diese Energie als Hilfestellung zur Weiterentwicklung deiner Seele benötigst, so gestatte ich dir von Herzen, dich eines Lavasteins von Hawaii zu bedienen. Doch wann immer du die Möglichkeit siehst, lass den Stein, wenn er dir gedient hat – wann immer dies auch sein mag – dorthin zurückkommen, wo du ihn einst entnommen hast. Jedes Stück Lavagestein trägt die Energie der Insel, die gebundene Kraft, die Mutter Erde braucht, um in sich weiter zu wachsen und aufzusteigen. Ausnahmslos alle Lavasteine tragen ihren Anteil hierzu bei, und deshalb ist es mir ein großes Anliegen, dass, sei es auch nur ein Lavasplitter, diese in ihrer Kraft zusammenbleiben und als Ganzes ihre Wirkung weiterhin entfalten. Wenn dir, mein Sohn, meine Tochter, einer der Lavasteine auf Hawaii für eine gewisse Dauer Unterstützung bringen darf, so sei dir meines Segens gewiss, und ich bin mir sicher, dass du nach Abschluss deiner transformierenden Arbeit einen Weg finden wirst, ihn wieder zu einem Teil des großen Ganzen werden zu lassen.

Hawaii ist ein von mir gesegneter Kraftplatz, um die Dinge zu wandeln. Meine Energie in Zusammenarbeit mit der Kraft der Vulkane trägt dich hinweg über die geistigen Barrieren, die dich noch daran hindern, so zu leben, wie es dem Wunsch deiner Seele entspricht. Jederzeit, und das ist die Möglichkeit, die mir sehr am Herzen liegt, an dich heranzutragen, kannst du den blauroten Farbstrahl aus deinem Herzen wachsen lassen. Lass ihn immer kräftiger werden, lass ihn wachsen, bis hin in den inneren Kern eines Vulkans. So bist du über die Liebe mit mir verbunden, und ein gemeinsames Wirken von dir und mir darf stattfinden.

Vielleicht begegnet dir beim Aufbau des Farbstrahls noch das eine oder andere Bild, eine Erinnerung, die noch Heilung erfahren darf. Setze dich mit ihr auseinander, segne sie, und wenn du dazu bereit bist, sie in ihrer Endgültigkeit aus deinem Sein zu entlassen, schiebe die Bilder mithilfe deiner Gedanken auf dem Farbstrahl vor dir her bis hinein ins Vulkaninnere. Lass sie in den Kern, das Magma, fallen und ziehe den leeren gereinigten Farbstrahl in dein Herz zurück. Bedanke dich bei deiner Erfahrung und akzeptiere den endgültigen Abschluss dieser Wachstumsphase.

Durch die Kraft des Feuers
und die wärmende Liebe meines Seins
segne und beschütze ich dich.

PELE

MAHATMA: Holzelement

Kind der Erde, Engel des Lichts, Kräfte ungeahnter Natur setzen wir in dir frei, wenn deine Seele bereit ist, unser Wirken für dich und alle Wesen der Erde zuzulassen. Es ist eine gewaltige Kraft, die, während sie durch dich fließt, die Ströme der Vergangenheit mit sich reißt. Sei dir des endgültigen Abschieds einer Zeit bewusst, in der Empfindungen ausschließlich fühlbar waren durch den jeweiligen, mitunter negativen Gegenpol.

Die Bäume haben alle diese Erfahrungen von Mutter Erde in ihrem Sein gespeichert. Jeder Ring erzählt von den Jahren des Wachstums; die Wurzeln tragen diese Erkenntnisse vereint in sich, genau wie die Urzelle in eurem Körper. All das Erlebte hat euch wachsen lassen, die Natur gleichsam wie auch eure körperliche und geistige Entwicklung. Die Kraft, die sich mitunter durch alle diese Geschehnisse entwickeln konnte, sollte sich ausdrücken in der Form, dass ihr mit gestärktem Rückgrat eine nochmalige, letzte Form des Wachstums erfahren solltet. Einige der Seelen, die auf der Erde ihre dualen Reifeprozesse abschließen wollten, sind von ihrem einstigen Seelenplan abgewichen und haben den Kontakt zu ihrer Urzelle verloren, was sich durch die Knochen dieser Menschen und auch der Tiere bemerkbar macht. Anhaltende Rückenprobleme können ein Zeichen dafür sein, dass Erlebnisse nicht in ihrer ganzen Form durchlaufen wurden und sich so letzte Erinnerungen in den Knochen verankert haben. Um euren Körper in die Kraft zu bringen und eurer Wirbelsäule die notwendige Beweglichkeit zurückzubringen, könnt ihr euch des Farbstrahls des Holzelements bedienen. Durch die gespeicherten vollendeten Erfahrungen der Baumwurzeln lassen sich eure festgefahrenen Blockaden lösen, sodass der Strom der Erinnerung an deine Urzelle ungehindert fließen kann.

Stell dir einen Lichtstrahl vor, braun wie die Rinde eines Baums. In seiner Mitte trägt der Lichtstrahl ein Samenkorn, gespeist mit all den Erfahrungen von Mutter Erde. Und wie die Wurzeln der Bäume beginnt dieser Lichtstrahl in der Tiefe aus Mutter Erde heraus zu wachsen und verbindet sich mit dem untersten Glied deiner Wirbelsäule. Schritt für Schritt, Wirbel für Wirbel, steigt er langsam empor und sorgt in deinem gesammelten Erfahrungsschatz, gespeichert in der Knochendichte deines Seins, für einen harmonischen Ausgleich. Wenn der Lichtstrahl des Holzelements am letzten Glied deiner Wirbelsäule angekommen ist, lass die Weisheit und die liebende Wärme von Mutter Erde noch eine Weile über deine gesamte Wirbelsäule in dein Sein fließen. Wenn du den Ausgleich über das Holzelement zum Abschluss bringen möchtest, lass Mutter Erde den Farbstrahl wieder in sich zurückziehen und somit auflösen.

Nun hat dein Körper die Standfestigkeit erreicht, um sicher und geerdet, gewachsen an all deinen Erfahrungen, die Stärke und Kraft aufzubringen, anderen ein Licht zu sein. Leuchte du den Kindern der Erde ihren Weg, wenn sie durch ihre Erlebnisse ins Wanken geraten sind und alleine die Balance nicht wiederfinden. Halte sie bei der Hand, denn durch deine bewusste Stärke kannst du ihnen eine Stütze sein beim Meistern ihrer letzten Erfahrungen.

Und sollte es dir einmal an Halt fehlen, lege die Hände auf die Rinde eines Baums oder lehne dich vertrauensvoll an einen Baumstamm. Mit vereinter Liebe werden wir dir Kraft geben und dich stützen, damit du durch dein Wirken und Strahlen die Erde erhellst

Mit der Weisheit der Erde und dem Segen von
Vater und Mutter Gott
segne ich alle deine Erfahrungen
und lasse dich wachsen in die Krone deiner Seele,
in der du dich selbst als Juwel für die Erde
erkennen kannst.

MAHATMA
Göttin des Erdreichs

ROWENA, MARIA MAGDALENA, SANANDA: Lichtelement

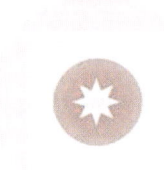

Liebe ist die Grundessenz, die Form reinen Lichts. In Anbetracht dieser Reinheit des Lichts der an sich gewachsenen und erwachten Seelen ist es nunmehr möglich, für die Kinder der Erde das Lichtelement in Empfang zu nehmen und in der gleichen Reinheit dieser Liebe das heilende Licht weiterzugeben. Die Anwendung von Lichtstrahlen ist euch mitunter bereits aus verschiedenen Therapieformen mit Lasern bekannt. Nun jedoch wird euch ein Element zur Verfügung gestellt, das durch gebündeltes göttliches Licht Heilung in vielen Formen ermöglichen wird.

So leicht wie eine Feder sich vom Wind tragen lässt, so einfach wird sich der Lichtstrahl den Weg aus der Mitte deines Herzens suchen, um dort Heilung zu bringen, wo sie geschehen darf. Wenn du von ganzem Herzen bereit bist, den Strahl des Lichtelements durch dich wirken zu lassen, schicke mir, Rowena, einen Gedanken deines Einverständnisses.

Und nun nimm wahr, wie dich eine Hülle aus reinem Licht umgibt und spüre hinein in die Wirkung bedingungsloser Liebe. Ein Gefühl, losgelöst von Raum und Zeit; innerhalb dieser Hülle entsteht ein Platz des absoluten Friedens, in dem sich die Heiligkeit deiner Seele nun vollkommen losgelöst ausbreiten kann. Atme es ein, dieses leichte freie Gefühl deiner eigenen Göttlichkeit.

Wenn du so weit bist, strecke mir deine rechte Hand entgegen und erlaube mir so, Raum einzunehmen in deiner heiligen Sphäre. Deine Hand haltend, knie ich vor dir hin, und durch einen Augenblick schicke ich dir, meine Schwester, mein Bruder, das gesamte göttliche Farbspektrum unseres Lichts durch deine Augen in dein Herz. In der Mitte deines Herzzentrums befindet sich nun ein winzig kleiner, scheinbar weißer, in sich farbloser Diamant, und doch schimmernd in allen Facetten der göttlichen Strahlen. Eigenintelligent in der Anwendung seines Farbspektrums, und doch nur durch dich in das Sein von Mutter Erde zu bringen.

Es steht dir nun frei, wann immer du einen Heilstrahl des Lichtelements nutzen möchtest, diesen aus deinem Herzdiamanten heraus entstehen zu lassen. Es ist ein sehr einfaches, wenn auch willentliches Geschehenlassen deinerseits, in seiner Anwendung jedoch so hilfreich für sämtliches Leben der Erde. Alles, was du mithilfe des Lichtelements zur Heilung bringst, wird durch einen Augenblick der Liebe zu dir zurückkommen. So sei willkommen im Kreislauf des göttlichen Lichts, gesegnet durch die Unendlichkeit unseres Seins und der immerwährenden Liebe für dich.

ROWENA, MARIA MAGDALENA, SANANDA

*Hüter des Lichtelements, vereint im Farbspektrum
bedingungsloser Liebe,
kristallisiert in jedem einzelnen Farbton,
manifestiert durch die Liebe deines Seins,
gesegnet durch die unendliche Quelle.*

PALLAS ATHENE, WHITE EAGLE:
Luftelement

Schwerelos, gleich einem Vogel, der seine Schwingen zum Flug in die Leichtigkeit unserer Sphären anhebt. Dieses Gefühl von grenzenloser Freiheit könnt ihr unter Anwendung des Strahls des Luftelements bis hinein in die Dualität von Mutter Erde erleben.

Gleich, ob es die Schwere deines physischen Körpers ist, der dir ein Stück Leichtigkeit nimmt, oder die Schwermut deiner Gedanken. Alles, was dich daran hindert, den Flug deiner Seele anzutreten, werden wir über den Strahl des Luftelements zur Transformation in die Ebenen unseres Seins wirbeln. So wird sich alles von und aus dir lösen, was dich daran hindert, im Hier und Jetzt völlig unabhängig und frei jeden Augenblick deines Lebens zu feiern.

So bitte ich dich, deine Augen zu schließen. Nimm die Luft bewusst mithilfe deines Atems auf, sie trägt die Kraft, um deinen Körper wie auch deine Gedanken für das nun Folgende zur Ruhe zu bringen.

Schau in den Himmel und sieh, wie ich in Form eines weißen Adlers durch jeden meiner Flügelschläge näher zu dir in dein Sein komme. Die Schwingen meiner Flügel tragen die Leichtigkeit des Himmels in sich, und mit jedem Luftzug, durch den ich mich dir nähere, gebe ich dieses Gefühl schon an dich weiter. Wenn ich dir ganz nahe bin, schaue in meine Adleraugen und bemerke, wie sich meine Form langsam verändert und du mich nun erkennen darfst als die, die ich bin: Pallas Athene, Göttin der Luft zwischen Himmel und Erde.

Dankbar, bei dir zu sein, nehme ich dich lächelnd in meine Arme, und du weißt, dass dies nur ein Wiedersehen ist und wir beide uns seit langen Zeiten bereits unendlich vertraut sind. Als die Erde noch jung war, lebte ich einst als Priesterin in Lemurien, und schon in dieser Zeit, mein Bruder, meine Schwester, entstand unser gemeinsames Band. Keine Erfahrung, kein Wechsel in andere Galaxien konnte diese Verbindung trennen, und so stehen wir uns heute nach all dieser Zeit gegenüber, ahnend, dass Raum und Zeit nur die Bedeutung einer Illusion zukommt.

Vieles hat sich verändert, ist gewachsen und immer noch im Umbruch. Unaufhörlich gewachsen ist jedoch die

Liebe auf der Erde. Niemand wagte es sich vorzustellen, welches Ausmaß an Liebe, welchen Wandel es für einen ganzen Planeten nach sich zieht, wenn erst einige wenige und dann immer mehr und mehr den Weg so erhellen, dass ein ganzer Planet bis weit hinein in die Galaxie vor Liebe leuchtet. So, wie euch die Sterne am Himmel erscheinen, so scheint ein jeder Lichtarbeiter auf der Erde für uns wie ein Licht, entzündet durch reine Liebe und weitergetragen im Bewusstsein der immerwährenden Verbindung zwischen Himmel und Erde. Und gerade aus dieser Entwicklung heraus wurde in den lichten Ebenen meines Seins beschlossen, das Wissen um die Strahlen der Elemente freizugeben. Gemeinsam mit meinem innigen Freund White Eagle behüte ich den Strahl des Luftelements.

Wenn alles ganz still um dich ist und auch du selbst zur Ruhe gekommen bist, reiche mir deine Hände und schaue mit mir gemeinsam in den Himmel. Weit oben kreist wiederum ein weißer Adler, es ist mein geliebter Freund White Eagle, der über ein Lichtband eine direkte Verbindung zu mir herstellt.

Vielleicht kannst du den Lichtstrahl sehen, der unsere beiden Herzen verbindet. Durch den Kontakt unserer Hände bist auch du nun an diese Energie angeschlossen.

Jetzt werden wir die heilenden Energien des Luftelements, die zum momentanen Zeitpunkt für dich richtig sind, in dich leiten. Nimm diese liebevollen Strahlen ein-

*fach an, alles geschieht wie von selbst, ohne jegliches Zu-
tun deinerseits. Lass alles geschehen und genieße diese
lichten, freien Energien, so lange du möchtest, wir halten
den Lichtstrahl für dich aufrecht. Mit dem Einatmen nimm
alles Lachen und die Leichtigkeit in dich auf, und mit dem
Ausatmen lass alles Alte und Verbrauchte endgültig los.
Und du merkst, wie du mit jedem Atemzug immer leichter
und lichter wirst und selbst in deinem physischen Körper
ein schwebendes Empfinden Raum einnimmt. Wenn du
das für dich absolute freie Körpergefühl erreicht hast, lass
meine Hände langsam los und unterbrich somit die Anbin-
dung an den Strahl des Luftelements.*

*Zu jeder Zeit kannst du uns erneut rufen, und wir sind
für dich da. Für heute verabschieden wir uns von dir,
und langsam trete, ich immer noch dir zugewandt, einige
Schritte zurück. Mit einem vorerst letzten Blick in deine
Augen segne ich dich, und ganz langsam nehme ich wieder die Form des weißen Adlers an. Hoch oben am Hori-
zont fliege ich direkt auf meinen geliebten Freund zu, und
wir verschmelzen zu dem, was wir sind: eins. Aus dieser
Verschmelzung heraus schicken wir dir eine weiße Feder,
die sich sanft, immer ein Stück näherkommend, den Weg
in dein Herz sucht.*

*Wisse, du bist ein Teil von uns,
verbunden über die weiße Feder.*

PALLAS ATHENE und WHITE EAGLE

LADY GAIA: Erdelement

Die Natur meiner Seele spiegelt sich wider in jeder erwachten Seele, die wandernd als Lichtfackel auf dem energetischen Körper meines Seins gemeinsam mit mir den Aufstieg in die Fünfte Dimension vorbereitet. Wie du durfte ich meine Erfahrungen immer wieder erweitern, wie du bin ich gewachsen an all den Aufgaben, die wir uns vor Antritt unseres Erdenplans vornahmen zu lösen; und wie du bin auch ich auf einem guten Weg.

Vieles konnte und durfte ich in den letzten zurückliegenden Jahren aus der Endgültigkeit des Planeten Erde lösen, wenngleich auch das Wissen um alle diese Geschehnisse für immer in den Akasha-Chroniken verwahrt bleiben wird. Ohne die Schwere, die gespürte körperliche Erfahrung, wird es einfacher sein, die Energie von Mutter Erde so anzuheben, dass endlich ein ausschließliches liebevolles Wachstum aller Seelen auf diesem Planeten erfahrbar sein wird.

Bis es jedoch so weit ist, werden noch einige Stürme über den Erdball ziehen, aber, richtig mit der Erde verwurzelt, wird kein noch so starker Wind dich ins Wanken bringen können. Die Wasser werden sich ein letztes Mal erheben, es wird ein sich reinigendes Aufbäumen der Meere sein, ein abschließendes Aufbrausen, das unendlich viele Seelen aus ihrem Schlaf erwecken wird. In dieser schon begonnenen Zeit wirst du es sein, der oder die mich durch unaufhörlich aneinandergereihte Wellen der Liebe unterstützen wird, das Gleichgewicht der Erdkugel in Balance zu halten.

Es ist unabdingbar, dass wir auch diese letzten unruhigen Zeiten noch gemeinsam er- und durchleben. Wenn die höchste Welle hoch oben in der Verbindung zum Himmel bricht, dann haben wir alle unser Ziel erreicht. Das ist eines der Geschehnisse, das viele Menschen momentan aus ihrer Angst heraus falsch deuten. 2012 ist nicht das Ende – im Gegenteil: Es ist der Anfang. Der Anfang von etwas so Großartigem, dass es sich zum jetzigen Zeitpunkt eurer Vorstellungskraft entzieht. Es wird sein, als hätte sich die Erde schlafen gelegt und wäre mit neuen Farben wieder aufgewacht. Die Vögel werden das Lied der ewigen Liebe zwitschern, eure Kinder werden euch lachend in die Arme fallen, und ihr werdet erkennen, dass dieser Wandel nur und gerade durch die zuvor unruhigen Zeiten erfahrbar gemacht wurde. Engel werden mit euch sein, das Gefühl von Trennung ist dann nur noch als Erinnerung in eurer Urzelle gespeichert. Ihr selbst werdet euch wieder eurer eigenen Flügel erinnern; das Lächeln eurer Seele werden die Klänge, die Erinnerung unseres unendlichen Zusammenspiels, die Erkenntnis von Allem-was-ist, die Bilder der Neuen Zeit sein. Die Tränen eures Glücks sind das Grundwasser der neuen Seele für die Erde.

Meine innig geliebte und allezeit mit mir verbundene Schwester, Lady Hope, wird dann den Planeten Erde in dieser neuen Zeit begleiten. Meine Seelenanteile dürfen sich durch den Aufstieg aus den Sphären der Erde dann verabschieden, aber für immer wird mein Herz ein Stück mit euch verbunden bleiben. Ihr selbst werdet gemeinsam mit Lady Hope die neue Seele, das Herz, des Planeten Erde sein. Lichtfackeln, die durch beispielloses Wachstum und mitunter harte Arbeit einen Planeten durch Liebe in die Fünfte Dimension anhoben. Durch den Strahl des Erdelements gebe ich dir den notwendigen Halt, ich verwurzle dich bis in die Tiefen meiner Seele. In jedem Augenblick werde ich dich halten, segnen und dich mit der Liebe meines Seins wärmen. Doch nun möchte ich dir den Weg zeigen, wie du dich mit dem Strahl des Erdelements verbinden kannst.

Stelle dich aufrecht hin und nimm wahr, wie aus deinen Füßen zwei rote Lichtstrahlen tief in die Erde hineinwachsen. Die beiden Lichtstrahlen kommen sich, je tiefer sie in die Erde eindringen, immer näher und vereinen sich als ein Strahl im Kern der Erde, dem Sitz meiner Seele. Über diesen starken Strahl des Erdelements ist es mir mög-

lich, dir aus der Tiefe meiner Seele, in Verbindung mit der Erde, die Kraft zu schicken, dir den Halt zu geben, den du in unruhigen Zeiten vielleicht manchmal brauchen wirst.

Und nun stell dir noch vor, wie sich von oben aus der Unendlichkeit des Seins ein weißer, in allen Farben des Lichts scheinender Strahl den Weg durch dein Kronenchakra mitten in dein Herz sucht. In deinem Herzen angekommen, verteilt sich das Licht, es ist das liebende Licht von Lady Hope, die dich schon heute in die reine Liebe einfühlen lassen möchte, die auf der neuen Erde erfahrbar sein wird. In stürmischen Zeiten erinnere dich des liebenden Gefühls von morgen und ziehe es mit deinen Gedanken ins Heute.

Bis dahin, mein Kind, sei dir gewiss: Ich werde dich tragen in den Armen meiner Seele, direkt in den Anbeginn eines neuen Morgens.

Ich bin bei und allezeit mit dir,
denn du bist ein Licht der Erde
und somit ein Lichtfunken meiner Seele.

LADY GAIA

GWYNEFER: Metallelement

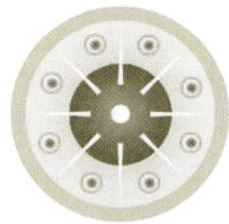

Das Tor zum Goldenen Zeitalter für die Erde ist für viele unter euch schon fühlbar, vor allem für diejenigen, deren Körper sich schon der Schwingung der kommenden Ära angepasst hat. Viele goldene Zeiten durften auf der Erde schon erlebt werden, der Aufstieg in ein Goldenes Zeitalter für einen Planeten in seiner Gesamtheit jedoch ist erstmalig, und wir alle sind mit euch auf diesem Weg. Die längste Strecke ist bereits zurückgelegt, und um euch noch mehr Hilfe und Unterstützung auf der Zielgeraden zukommen zu lassen, wurde mir die ehrenvolle Aufgabe übertragen, mithilfe des Strahls des Metallelements euch und somit den Aufstieg der Erde zu begleiten. Ich bin sehr glücklich über diesen Auftrag, denn die Geschehnisse um die Erde sind für uns alle enorm spektakulär, und ein jeder möchte beim Wechsel in die Fünfte Dimension helfend dabei sein.

Alles Wissen, wie auch die Heilkraft der Metalle, wurde in meinem Sein verankert, und so ist es mir möglich, durch einen Strahl aus meiner rechten Hand den Reichtum der Energien, den uns die verschiedenen Metalle zur Verfügung stellen, weiterzugeben und direkt dort hinzuleiten, wo sie gebraucht werden. Da ich gleichfalls die energetischen Metalle aus fernen Galaxien über diesen Strahl leiten kann, ist eine direkte Anwendung durch dich selbst für andere momentan noch nicht möglich. Die Anwendung ist an eine Verbindung zu mir und durch mich gekoppelt.

Je länger und intensiver wie beide zusammenwirken, desto mehr wird dein Körper die Schwingung auch dir fremder Metalle absorbieren; wenn dein Körper alle ihm fremden, energetischen Träger bewusst erkennt, wird dir ein Arbeiten mit dem Elementestrahl ohne mein gleichzeitiges Wirken ermöglicht werden. Nach und nach wirst du beginnen zu „strahlen", denn der energetische Hauptbestandteil der Elemente-Essenz dieses Strahls ist Gold.

Die Schwingung des Goldes wird dich darin unterstützen, du selbst zu sein, deine Wahrheiten zu erkennen, die herumschwirrenden Gedanken zur Ruhe zu bringen und den Plan deiner Seele zu erfüllen, wie du ihn dir selbst einst zurechtgezeichnet hast. Auch ich weiß um die dualen Einflüsse auf der Erde, denen ihr tagtäglich ausgesetzt seid. Und gerade deshalb ist es ein göttliches Geschenk für mich, durch den Glanz des Goldes, die Essenz des Lichts und der Metalle das Strahlen zu dir zu bringen. Alles Gold, bis in die Tiefen der Erde, wird sich mit der Uressenz verbinden, die gebündelt über meinen Strahl erfahrbar gemacht wird. Wenn die Uressenz in deinem physischen Körper gespeichert ist, wirst du erfahren können, was es heißt, von Mutter Erde getragen zu werden. Du wirst angehoben in der Leichtigkeit deines gesamten Seins, und so ist eine direkte Verbindung zum Kern deiner Seele gegeben, und du kannst dich verwirklichen in dem Spektrum deiner ganzen Größe. Das ist das eine.

Das andere ist die Heilung genetischer Kodes, die durch den Strahl an sich vollkommen zur Auflösung kommen. Hier musst du mir vollkommen vertrauen, denn dafür werden die für dich unbekannten Metallessenzen in Verbindung mit der Goldschwingung Heilung bringen.

Es ist wichtig, dass die alten Muster, Einkerbungen und Kodes zur Auflösung gebracht werden, denn nur wer in seiner Gesamtheit vollkommen frei ist, kann in reiner Liebe schwingen. Und so bitte ich dich darum, dich ein Stück deines Weges begleiten zu dürfen. Je näher wir an das Tor zur Fünften Dimension herankommen, umso weniger wirst du meine Unterstützung benötigen, da du selbst immer höher schwingen wirst und in deiner Goldkugel alle göttlichen Metallessenzen gespeichert sein werden.

Schließe deine Augen und stell dir vor, wie eine kleine goldene Kugel vor dir schwebt. Du umschließt sie mit beiden Händen und ziehst sie so in dein Sein. Diese Kugel trägt die Uressenz reinen Goldes in sich und ist mein Geschenk an dich. Sie wird in deiner Aura bleiben, und wann immer du an sie denkst, greife mit deinen Händen nach ihr, umschließe sie und lass ihre Wirkung durch deinen Körper fließen. Im Anschluss lass sie los, und sie wird sich zum Verbleib einen passenden Platz in deinem Energiefeld suchen.

Die goldene Kugel ist gleichzeitig auch das Verbindungsglied zwischen dir und mir. Wenn du das Gefühl in dir spürst, ich könnte dir oder durch dich mithilfe einer Metallessenz behilflich sein, so rufe mich. Umschließe mit deinen Händen die goldene Kugel, und ich werde den Lichtstrahl des Metallelements direkt mit dem Kern deiner Kugel verbinden. Über diese Verbindung leitet deine Kugel diese Strahlen weiter, die sich ihren Weg suchen werden, wo Heilung und Auflösung stattfinden können und dürfen.

Ich bin Gwynefer,
deine Freundin im Licht

NATHANAEL: Reise ins Licht

Von Beginn an behüte, beschütze und begleite ich immer wieder die Zeiten von Mutter Erde, die unter dem Einfluss von Veränderungen stehen. Ich bin ein Lichtbringer, der die Erde schon in den Epochen ihrer Urzeiten begleiten durfte. Vor einiger Zeit wurde ich zu einem schulischen Teil des Universums beordert, gleich der Seelen, die im Bereich der Venus nonduale Erfahrungen sammeln. So wurde ich vorbereitet und geschult, um euch mit meiner ganzen Kraft zur Seite zu stehen. Während und bis zum Aufstieg in die kommende Dimension werde ich stets an eurer Seite sein, um überall dort unter die Arme zu greifen, wo ihr meiner Mitwirkung und Fürsorge bedürft. Über die Verbindung meiner tiefen Liebe kann und werde ich mich jederzeit einreihen in das sich fortlaufend weiterdrehende Rad der Evolution.

Um die Erkenntnis deines eigenen Entwicklungsverlaufs wahrnehmen zu können und um das Ausmaß dieses Wissens zu begreifen, nehme ich dich heute mit auf eine Reise nach Hause, dorthin wo du einst herkamst, wo du schon immer warst, und wo du auch immer sein wirst. Zu diesem heiligen Ort werden wir beide nun gemeinsam reisen. Ich bitte dich mir dein ganzes Vertrauen entgegenzubringen, diese Reise wird ein solch großartiges Erlebnis für dich werden, das du für alle Zeiten tief in deiner Erinnerung als Geschenk aufbewahren wirst.

Und nun, meine Freundin, mein Freund, schließe deine Augen und gehe mit deiner Aufmerksamkeit in dein Herzzentrum. Atme vollkommene Leichtigkeit ein und alle Gedanken aus, die dich noch davon abhalten, ganz in deinem Herzen anzukommen.

Wenn du zur Ruhe gekommen bist und sich ein Gefühl von tiefem Frieden in deinem Körper ausgebreitet hat, dann stell dir vor, wie von ganz oben aus der Weite des Universums in Lichtgeschwindigkeit ein strahlender goldener Sonnenball in die Erde eindringt und auf direktem Weg immer weiter zu dir herabfliegt. Sobald er in deine Nähe kommt, verlangsamt er seine Geschwindigkeit, um sanft schwebend direkt vor dir anzukommen. Du siehst, wie sich aus diesem Sonnenball eine Gestalt zu formen beginnt, und so stehe ich, Nathanael, nun vor dir.

Ich reiche dir meine Hand, und es ist die Sicherheit an die Erinnerung des ewig gültigen göttlichen Kreislaufs, die jedes Gefühl, das noch einen Hauch von Angst in sich trägt, von dir nimmt. Ganz behutsam ziehe ich dich immer näher an mich heran und lege schützend meine Flügel um dich. Wenn du so weit bist, dass wir unsere Reise beginnen können, lege deinen Kopf auf meine Schulter. Umschlossen und geborgen in meinen Armen bist du nun Teil meines Sonnenballs, und so gleiten wir gemeinsam hinaus, immer höher und höher, bis hin zu den Wolken, und weiter hinaus in das unendliche Sein unserer Galaxie. Mit jedem Stück, das wir näher an unser Ziel herankommen,

kannst du die energetische Strömung deiner eigenen Seele leichter spüren. Dies ist deine Ursprungsenergie, und
je mehr dein Körper davon aufnimmt, desto mehr Freiheit
und vor allem auch Grenzenlosigkeit kannst du erfahren.

So, wie bei meiner Ankunft auf der Erde, verlangsame
ich nun unsere Geschwindigkeit, und vorsichtig und sacht
landen wir. Meine Freundin, mein Freund, jetzt bist du bei-
nahe zu Hause, wir sind kurz vor unserem Ziel, der Heimat
deiner Seele.

Allmählich lockere ich meine Umarmung, und du
kannst stufenweise, Schritt für Schritt, die Augen öffnen.
Auch in deiner momentanen Sprachlosigkeit kannst du
schon jetzt die Wunder dieser Reise erahnen.

Bevor wir weitergehen, setzen wir uns in dieser uns
umgebenden Stille gemeinsam auf den weichen Boden,
und ich bitte dich erneut, mir deine Hände zu reichen. Alle
Sehnsucht, das Heimweh, lass es los, jetzt! Nimm dir hierfür alle Zeit, die du benötigst, um dich von dieser Traurig-
keit zu lösen. Du bist nun zu Hause, und nie wieder kann
etwas das Wissen und die Verbindung hierher unterdrü-
cken oder trennen. Das ist vorbei.

Höre, wie ich damit beginne, sehr leise ein Lied für
dich zu summen, es sind meine Töne, die deine letzten
Tränen trocknen. Was bleibt ist die unendliche Dankbar-
keit dir selbst gegenüber, in Anerkenntnis deines eigenen

Mutes und deiner so großen Bereitschaft, dich wissentlich immer und immer wieder alle diesen Erfahrungen gestellt zu haben. Jede deiner Tränen befreit dich von einer Last, die von heute an nicht mehr zu dir gehört. Du bist vollkommen frei, und in diesem Gefühl werden wir ihn antreten, den Weg, in dem Vergangenheit und Zukunft sich in der Gegenwart bedingungsloser Liebe vereinen.

Eine der großen Veränderungen, die die Menschen in der Fünften Dimension erfahren werden, ist die Aufhebung der Zeiteinteilung im herkömmlichen Sinn der Erde. Die Tage eurer Kalender werden nicht mehr weitergezählt werden, denn eine Sprosse der Leiter der Erleuchtung ist die Aufhebung der Zeit und das vollkommene Erlebnis des Augenblicks.

Doch nun, meine Schwester, mein Bruder, reiche ich dir abermals meine Hand, um dir beim Aufstehen zu helfen. Gemeinsam blicken wir nach vorne, und wenn du genau schaust, kannst du schon ganz leicht die Stadt erkennen, die noch etwas verborgen hinter einem weißen silbrig-glänzenden Schleier liegt. Mit jedem Schritt, den wir uns der Stadt nähern, löst sich der Schleier auf, und dein Blick wird immer klarer, so deutlich, dass du nun die zwei goldenen Türme des Eingangsportals deiner Heimat erkennen kannst.

Hinter den Toren deines Seelenportals wirst du mit einer solchen Liebe erwartet, dass du diesen Weg ohne mich antreten kannst. Schließe deine Augen, ich führe dich noch direkt an das Tor heran, das du dann alleine und mit offenem Herzen durchschreitest. Jetzt bist du zu Hause.

Langsam öffnest du deine Augen, und als würde sich ein Schleier von deinen Augen lösen, werden die Bilder für dich immer klarer sichtbar.

Wie aus dem Nichts taucht vor dir eine weiße strahlende Lichtgestalt auf. Fasziniert von dieser unendlichen Schönheit flüstert sie dir in dieser Stille leise ihren Namen zu, den du für immer in deiner Erinnerung behältst. Nun höre ihre Worte: „Ich bin eine Wächterin des Lichts. Während du schläfst, bin ich zeitlos und ständig bei dir, denn in jeder Nacht ziehst du dich hierher zurück. Bis hinein in die Tiefe deiner Träume bin ich mit dir verbunden, so, wie wir es vor langer Zeit vereinbarten. Aus dieser Vertrautheit heraus bin ich es, die dich heute begleiten darf.

Schenke mir jetzt bewusst dein nächtliches Vertrauen und lass uns gemeinsam auf die Suche gehen nach Antworten auf deine offenen Fragen. Schau dir alles genau an, hier öffnen sich dir grenzenlose Erfahrungsmöglichkeiten und die Tore bedingungsloser Liebe. Du kannst alle Seelen treffen, sie sind hier mit dir verbunden, gleich wo immer sie sich physisch gerade aufhalten, es findet ein Kontakt zwischen euren Seelen statt. Wisse, hier werden dir alle Einblicke in die Geschichten gewährt, die du bereits geschrieben und erfahren hast, und die Aufgaben deines jetzigen Lebens.

Entdecke die Möglichkeiten, momentane Erlebnisse umzuschreiben, dich in bestimmten Bereichen neu zu erfinden, in der Anerkenntnis deiner Größe vollkommen zu vergeben, und sicherlich wirst du sogar irgendwann schon die ersten Seiten eines neuen Buchs von hier aus verfassen. Jederzeit stehen dir deine Lehrer hilfreich zur Seite, ein einziger Gedanke ist ausreichend, und du wirst sofort unterstützt. Gleich ob Engel, Meister, Feen und Devas, du kannst allen Wesen aus den himmlischen Reichen Eintritt in dein Seelenland gewähren. Nach und nach werden sich dir die Wahrheiten deiner Seele offenbaren, deine heutige Heimreise ist nur ein erster Schritt auf dem Weg nach Hause. Ich bin unentwegt hier und warte auf deine nächste bewusste Reise, auf der ich dich wie in deinen Träumen begleiten werde.

Für heute, denke ich, hast du genug erste bewusste Eindrücke gesammelt, und ich nehme dich liebevoll an die Hand, um dich zu den beiden goldenen Türmen zurückzubringen.

Bevor du wieder zu Nathanael gehst, der vor den Toren schon auf dich wartet, umarme ich dich und hülle dich ein in meine unendliche Liebe zu dir. Und während ich dich umarme, kommt von hinten aus deinem Seelenland eine kleine weiße Taube, die eine rosafarbene Feder in ihrem

Schnabel trägt. Die Feder ist ein Geschenk für dich von all deinen Tieren, die mit dir über dein Seelenland in unendlicher Liebe für immer verbunden sind.

Dankbar nimmst du die Feder an, schaust noch einmal lächelnd hinter dich und siehst dann auch schon Nathanael, wie er dir seine Hand hinstreckt. Du ergreifst sie, und Nathanael zieht dich noch einmal ganz nahe an sich heran. Eingehüllt in der liebenden Wärme seiner beschützenden Flügel lässt du alle Zweifel los, für die nun kein Raum mehr in deinen Gedanken ist.

Erst nach und nach werden sich die Erlebnisse in deinem Wissen verankern, doch eines der größten Mysterien deiner Seele hat sich dir geöffnet. Wo auch immer du bist, du bist zu Hause. Zu Hause in dir. Diese Erkenntnis und die Sicherheit, die du damit gewinnst, sind ein wichtiges Puzzleteil auf deinem Weg. Nathanael bringt dich nun auf demselben Wege wieder zurück, wenngleich auch um so viele Wahrheiten reicher als beim Antritt deiner Reise. Wieder fast in deinem physischen Sein angekommen, richtet Nathanael noch einmal seine Worte an dich:

„Wahres Glück ist die Ankunft deiner Seele zu Hause in dir.
Der Wind wird es sein, der deine Liebe in die Herzen der Menschen weitertragen wird.
Wann immer du mich brauchst, schicke mir einen Gedanken, und ich bringe dich nach Hause.

Zeitlebens bin ich dein Stern, der dir den Weg erhellt, mit meinem Licht bestrahle ich dir die Spuren des Himmels, und mit jeder Reise werden sie sich dir nach und nach offenbaren, die göttlichen Wahrheiten auf dem Weg der Erleuchtung."

Der Segen von Gott Vater und Gott Mutter wird dein ständiger Begleiter sein.

NATHANAEL

RA: Sonnenelement

Komme an, mein Kind, in dem heiligen Raum, geschaffen durch deine Freunde und liebevollen Begleiter im Licht. Nimm wahr, wie sich die Energie um dich herum verfeinert und die göttliche Liebe darin deinen Körper im Einklang mit Allem-was-ist zum Schwingen bringt. Atme sie ein, die Dynamik göttlichen Leuchtens, und nimm das Licht mithilfe des Sauerstoffs in deinen Zellen auf. Finde Frieden und vertraue deinem Gefühl, dass alles so, wie es ist, der göttlichen Ordnung entspricht. Atme sie immer wieder ein, die dich nun umgebende Heiligkeit, die Ruhe, die durch deinen Glauben und deine absolute Hingabe daran entsteht.

Schließe deine Augen und stell dir vor, wie es im Bereich deines Dritten Auges, dem Sitz deiner göttlichen „Sehstärke", immer heller wird. Zuerst kannst du nur einige der heiligen Strahlen erkennen, doch nach und nach siehst du die leuchtend strahlende Sonne vor dir. Lass zunächst dieses Bild einfach auf dich wirken. Schon alleine der Sichtkontakt zur Ursonne ist sehr intensiv, und aus diesem Wissen heraus möchte ich dich bitten, Schritt für Schritt mit jedem deiner tiefen Atemzüge allmählich auf die Sonne zuzugehen. Ganz langsam und immer im Bewusstsein deines Atems. Öffne deine Handflächen zum Himmel hin, in Richtung des vor dir liegenden Sonnenballs, sodass du durch deine offenen Kanäle in deinen Handinnenflächen die erste kraftvolle Sonnenenergie in Empfang nehmen kannst. Mit jedem Schritt wird dein Körper mehr von der Sonne genährt, und die dich umgebende liebevolle Wärme dringt in dich ein, bis tief in den Kern deines Herzens.

Mit dem Blick zur Sonne gerichtet sind alle alten Schatten von dir gefallen. Nun bist du hier am Zentrum des göttlich geballten Lichts, befreit um die Erlösung deines Christusselbst, angekommen in der Erkenntnis deiner Heimat, der Heiligkeit deiner eigenen Seele. Und so bitte ich dich, mit deinem nächsten Schritt einzutreten in die Ursonne, den Sonnenball aus reinem, göttlichem Licht.

Stille umgibt dich, absolute Stille. Genauso lautlos trete ich vor dich, schaue dir in deine Augen und lege meine rechte Hand auf dein Haupt. Tauche ein in die Kraft der Sonne, erkenne dich in der Urform deines Seins als reines göttliches Wesen und höre meine Worte:

„Du, meine Tochter, mein Sohn, hast vor langer Zeit einen Weg zur Entwicklung deiner Seelenanteile angetreten. Selbst im Vergessen deines eigenen Ichs, in der größten Einsamkeit deines Dus, waren und sind wir immer bei dir in deinem Sein gewesen. So viele von uns haben dich dabei unterstützt zu erkennen, wer du wirklich bist, haben dich getragen und mit Liebe getränkt, damit du die Meisterjahre deiner Seele beschwingt und leichten Fußes zurücklegen konntest. Und nun bist du hier bei mir, leuchtest und strahlst vor Liebe wie die Ursonne selbst, denn die Erinnerung, das Wissen der allumfassenden Weisheit von Gott Vater und Gott Mutter, ist zu dir zurückgekehrt. Deine Aufgaben sind vollbracht, und mit deiner Reise, gemeinsam mit meinem seelenverwandten Bruder Nathanael, hast du die Reife deiner Seele, deines Selbst, so weit entwickelt, dass ich dich heute mit dem Strahl des Sonnenelements auf den Pfad der Erleuchtung schicken darf. Es ist dein erster Schritt in die Quelle des ewigen Seins, sieh ihn an als einen von sieben deiner letzten Meilensteine der gänzlichen Vollendung.

Wir alle, gleich, ob aufgestiegene Engel, Erzengel und Meister, befinden uns auf demselben Weg wie du. Und so sei dir bewusst, dass du mit deinem Eintritt auf diesem Pfad gleichzeitig austrittst aus dem sich immer weiter drehenden Rad der Erfahrung. Deine Zeit des irdischen Lernens ist beendet, das Ende deiner Meisterjahre ist gekommen. Durch dein weiteres Sein und deine verbleibende Zeit auf der Erde bringst du das reine Licht der Quelle zu den Seelen, deren Rad der Erfahrung sich noch dreht, und die du durch deine hilfreiche Hand, mit der du nun die Macht hast, den Segen der göttlichen Quelle weiterzugeben, dabei unterstützt, ihre Aufgaben nach und nach zu erkennen und aufzulösen. Du wirst das Licht sein, das deinen Brüdern und Schwestern den Weg erhellt, das Funkeln deiner Augen strahlt sie aus, die göttliche Essenz des heiligen Augenblicks.

Doch jetzt nimm meine Hand, ich führe dich zu einem Teich aus reinem weißen Licht. Du siehst ihn schon vor dir, und angezogen von dieser himmlischen Reinheit lassen wir uns hineingleiten in die Energie von Aramanga, den heiligen Fluss der Ursonne. Angekommen in der Mitte des Teiches, stehst du nun und streckst deine Arme nach oben, um sie zu empfangen, die Einweihung in das Sonnenelement. Sieh, wie die Strahlen der Ursonne aufhören, nach außen in die Erdatmosphäre zu strahlen, wie sie sich zurückziehen, um nun mit jedem einzelnen Strahl in die Energie von Aramanga zu scheinen. Mit meinem Zeige- und Mittelfinger berühre ich in diesem Moment dein Drittes Auge und leite den Strahl des Sonnenelements in dich. Erinnere dich:

Sonne und Licht, Schatten vergangener Zeiten bricht.

Den Strahl des Sonnenelements wirst du auf der Erde nicht anwenden können, denn das energetische Konzentrat der Ursonne ist erst mit dem Ankommen auf dem Pfad der Erleuchtung mit der energetischen Qualität der jeweiligen Seele und der damit erreichten Entwicklungsstufe vereinbar. Aber wisse, du trägst das Licht der Ursonne nun in dir, und wie ein schimmernder Glanz in deiner Aura, wie Sternenstaub deiner Seele, wird das Sonnenlicht deinen Körper umhüllen und einen Teil dieses Lichts über dich verteilen. Wo immer du bist, wirst du ein Sonnenstrahl für die Erde sein.

Und nun, mein Sonnenkind, bringe ich dich zurück, gehe gemeinsam mit dir Schritt für Schritt dahin, wo deine Hilfe und das Geschenk deiner Liebe gebraucht werden. Allezeit erinnere dich daran: Du hast mit deinem heutigen ersten Schritt damit begonnen, einen neuen Pfad zu gehen, hier sind wir es, die dich unentwegt an der Hand halten und dich durch unsere Liebe leiten werden. Willkommen, meine treue Wegbegleiterin, mein Herzensfreund, es war mir die größte Ehre, dich zu empfangen auf der Stufe der göttlichen Hierarchie. Deine Augen strahlen wie Sterne der Quelle göttlichen Seins, geboren aus dem reinen Licht, dem Herzen von Vater/Mutter Gott."

Mein Segen und meine Liebe,
gebündelt im Sonnenstrahl des Lichts,
von mir zu dir.

Aus der Ewigkeit von RA

Sanandas Worte an dich

Geliebte Schwester und du, mein Weggefährte auf dem Pfad des Lichts. So viel neues Wissen wurde euch nun zuteil; Wissen, das euch völlig neue Möglichkeiten eröffnet und variablere, freie Sichtweisen offenbart. Blinde Flecken, die Verdrängung von Krankheit und Not, manifestierte Schatten und die euch allen so gut bekannten und in jeder Variante durchlaufenen Spiele des Egos – all das war und durfte für dich in Liebe abschließend die Kraft verlieren. Der neu gewonnene Freiraum zur Entfaltung deiner Seelenanteile, das Glücksgefühl bedingungsloser Liebe, braucht noch ein wenig Zeit, bis es sich in seiner Ganzheit entfalten kann.

Nach und nach wird sich dir deine Seele offenbaren, und so werden dir auch die kosmischen Wahrheiten aufgezeigt werden. So findet jedes Ereignis für dich zum richtigen Zeitpunkt statt, und nun hat für dich ein Abschnitt des Ruhens begonnen, eine Phase des vertrauensvollen Geschehen-Lassens. Du hast so viel geleistet, deinen Plan fast erfüllt und deine göttlichen Aufgaben vollbracht. Gerade in den letzten Jahren wurdest du zur Vollendung deiner Vorhaben verstärkt aus den himmlischen Reichen unterstützt. Nun bist du in deiner Entwicklung so weit fortgeschritten, dass du uns in unserer Arbeit direkt auf der Erde unterstützen kannst, wenn dies deinem Wunsch entspricht. Zahlreiche Seelen werden sich in der kommenden Zeit auf einen wachen Weg begeben und brauchen dabei eine liebevolle Unterstützung. Durch dein geschütztes offenes System ist es uns ein Einfaches, durch und mit dir zu wirken.

Vor langer Zeit haben wir uns, die wir ausnahmslos alle auch durch irdische Erfahrungen unser Selbst meistern und aufsteigen durften, im Bund der Weißen Schwestern- und Bruderschaft zusammengeschlossen, um gerade auch die Seelen auf der Erde allezeit begleiten zu können.

Du selbst hast nun die erste Stufe eines neuen Wegs betreten, und mit deinem gezielten willentlichen Einverständnis wird dir im Anschluss an meine Worte die Möglichkeit gegeben, unserem Bündnis beizutreten. Und so wirst du in der kommenden Meditation gebeten, die/der du mit den Füßen direkt mit Lady Gaia verbunden bist, einzutreten in unseren Kreis aus Licht, einzustehen und deine Unterstützung einzubringen für die Gemeinsamkeiten einer göttlichen Mission. Teil deiner Aufgabe wird es sein, einfach nur du selbst zu sein, ein(e) göttliche(r) Botschafter(in) des Lichts. Wir werden dir unsere Liebe in dein Herz schicken, und durch dein bewusstes Sein wirst du unseren Segen zu einer jeden Blume, dem kleinsten Vogel und in die noch so entfernten und versteckten Winkel der Erde schicken. Was immer deine Augen erblicken, wird auch von deinem Herzen berührt.

Die Liebe, die durch deine Augen strahlt, erinnert selbst die kleinste Blume daran, wer sie wirklich ist. Die

Biene, die den Nektar eben dieser Blume aufnimmt, wird berauscht sein von dieser Energie, und genau die gleiche Liebe wird sich dann im Honig wiederfinden. So wird sich immer mehr Liebe auf der Erde verteilen, und Worte wie Freiheit, Verständnis und bedingungsloses Vertrauen werden nicht mehr leer und hohl klingen, sondern mit jedem Augenblick mehr mit der Wahrheit und der Energie der neuen Erde gefüllt werden. Ich bitte dich, sei du eine Quelle des göttlichen Lichts.

Aus den himmlischen Sphären,
verbunden mit dem Segen von
Gott Vater und Gott Mutter,
reiche ich dir, der du mein Bruder und
meine Schwester bist, die Hand
und bitte dich darum, dich einzureihen
in unseren Kreis aus göttlichem Licht.

SANANDA

21 Stufen zur Göttlichkeit

Geliebter Bruder, geliebte Schwester des Lichts. Du, der/die du mich kennst als Meister Kuthumi, habe heute den wundervollen Auftrag, dich ein erstes Stück zu begleiten auf dem Einweihungspfad in das Bündnis der Weißen Bruderschaft. Sehr viel Zeit ist vergangen, seit ich dich das letzte Mal an der Hand halten durfte, und so ist mein Herz übervoll vor Glück und auch Stolz, heute an deiner Seite zu gehen, dich einzuhüllen in mein schützendes Licht und meine tiefe Liebe zu dir. Alle deine Tränen und deine Unsicherheit der vergangenen Jahre betrübten auch mich in meinem Herzen, doch war es mir nicht möglich, dich zu unterstützen, da es deinen Entwicklungsprozess ins Stocken hätte bringen können. Und so war es mein ausdrücklicher Wunsch, den Anfang des Einweihungswegs mit dir zu gehen.

Schon jetzt kannst du spüren, wie ich sanft meine Energie um dich lege, dich einhülle in meine Liebe. Dieses Gefühl erinnert dich an vergangene Zeiten, und durch die Erinnerung erwacht auch das alte Band des Vertrauens in dir. Dieses wie auch die Gewissheit meines Schutzes lassen deinen Körper ruhig und deinen Atem flach werden, dein Geist wie auch dein Herz hingegen werden sich immer weiter öffnen. Spüre hinein in die dich umgebende Energie, und wenn wir beide unseren gemeinsamen Weg antreten wollen, reiche mir deine rechte Hand, vereinigt – du und ich – setzen wir den ersten Schritt in eine für dich sich neu öffnende Welt, in der wir seit geraumer Zeit schon sehnsüchtig auf deine Ankunft warten. Stell dir vor, dass wir zusammen einige Schritte gehen, währenddessen ich noch einige erklärende Worte über die Anwendung der Strahlenkraft der Elemente an dich richten darf.

Mit den zurückliegenden Meditationen wurdest du in die Strahlenkraft der Elemente eingeweiht. Die Strahlen entfalten eine immense Wirkung und werden dir in ihrer Vielfalt zahllose Anwendungsmöglichkeiten aufdecken. Es ist eine Offenbarung, dass diese Kräfte nun ihr Wirken über die Lichtarbeiter entfalten können, und durch die jeweiligen Lenker der Elemente wird dir jedwede benötigte Unterstützung zuteil. Sobald du über dein Herz oder auch über dein Drittes Auge eine Verbindung zu dem jeweils abgebildeten Zeichen herstellst, wird dein Sein sofort an die Kraft des entsprechenden Elements gekoppelt, und die Energie wird sofort beginnen, über dich zu wirken.

In der Anwendung der acht Zeichen lass dir von deinem Verstand bitte keine Grenzen setzen. Lass sie über die Erde ziehen, bemale Wände damit (wenn es deinem Wunsch entspricht, dass die jeweilige Energie in diesem Bereich wirkt), energetisiere Gegenstände, bedrucke Kleidung. Kurzum: Was immer dir deine Intuition rät, es kann nur und wird immer eine Idee göttlichen Ursprungs sein.

Doch jetzt nimm einige bewusste tiefe Atemzüge und komme mit deinen Gedanken fast am Ende unseres

Weges an. Nur wenige Schritte vor uns wird ein rundes Tor sichtbar, dessen Eingang durch schützendes, göttliches weißes Licht noch leicht vernebelt scheint. An der Außenseite rund um das Tor scheinen, gleich einem Feuerreifen, 21 farbig leuchtende Strahlen in die Atmosphäre hinein. Lass dieses großartige Bild in seiner Ganzheit für einen Moment auf dich wirken.

Wir beide begegnen uns zu einem späteren Zeitpunkt noch einmal, und so lasse ich deine Hand nun liebevoll los, und du durchschreitest anmutsvoll das Lichttor einer für dich neuen Welt, wo dich mein Bruder El Morya liebevoll in Empfang nehmen wird.

Stufe 1: EL MORYA

Noch etwas geblendet von der ungewohnten Helligja, und auch Heiligkeit, die dir entgegenströmt, streckt dir El Morya seine haltende Hand entgegen, die du dankbar ergreifst. Er begrüßt dich mit folgenden Worten:

„Geliebtes Kind, ich heiße dich im Namen von Gott Vater und Gott Mutter aus ganzem Herzen willkommen auf dem hohen Einweihungsweg der lichten Ebenen im Zeichen der Weißen Schwestern- und Bruderschaft. Wenn du deinen Blick gerade ausrichtest, kannst du die lange Strecke erkennen, die dich über 21 Ebenen führen wird, bis hin zum Eingangstor der energetischen Ebene unseres gemeinsamen Wirkens. Am Ende dieser Strecke brauchst du als letzten Schritt nur noch anzukommen und das Tor zu durchschreiten, dort werden wir dich in Empfang nehmen, als Bruder und Schwester unserer gemeinsamen göttlichen Mission. Die 21 Ebenen sind verschiedene Energiestufen, durchdrungen von den kraftvollen Strahlen und dynamischen Farben der jeweiligen Lenker. Manch einer deiner Begleiter auf den verschiedenen Abschnitten wird dir noch einige abschließende Ratschläge, richtungsweisende Worte mit auf den Weg geben, oder auch nur ein für dich lange Zeit aufbewahrtes Geschenk überreichen. Sei dir gewiss, für all dieses ist die Zeit nun gekommen, und du hast diese Liebe durch dein ganzes Sein verdient. Die 21 vor dir liegenden Ebenen gleichen einem Laufband, und mit dem Ende eines jeden Abschnitts gehst du in den *nächsten über, wo du jeweils schon immer liebevoll erwartet wirst.*

Setze gemeinsam mit mir deinen Fuß in die erste Ebene und erkenne, wie von unten „blauer Nebel" beginnt aufzusteigen. Es ist eine so weiche Energie spürbar, als würden sich die einzelnen Fasern einer blauen Pusteblume um unsere Körper legen. Viele meiner Helferinnen und Helfer wirken über die Kraft dieser Ebene und lassen dir diese Energie als Geschenk zukommen. Lass einfach geschehen und laufe gemeinsam mit mir langsam und bewusst bis zum Ende dieser „Blauphase". Zum Abschluss lege ich meine beiden Hände auf dein Herz und segne dich mit der Liebe aller himmlischen Kräfte dieser ersten Ebene. Hab Dank, dass ich diesen Weg mit dir teilen durfte, und vertrauensvoll lasse ich dich nun los und schicke dich weiter zur nächsten Etappe."

✩ ✩ ✩

Stufe 2: KONFUZIUS

Noch bevor dein Fuß diesen goldgelb leuchtenden Untergrund berührt, steht Konfuzius lächelnd vor dir. Auch du begrüßt ihn mit einem Lächeln, und wortlos ergreift er deine Hand und führt dich schweigend durch diese, dich umhüllende warme goldgelbe Energie, die dich einen Zustand von großem geistigem Frieden fühlen lässt. Schritt für Schritt breitet sich dieses Gefühl in deinem Körper aus, und endloses Vertrauen in dich und alle deine erkannten Fähigkeiten entsteht. Am Ende dieses Abschnitts, noch immer umgeben von der dich gerade umsorgenden Energie, erklärt dir Konfuzius:

„Einst war ich selbst ein großer Lehrer für die Kinder der Erde. Die Weisheit, die ich mitunter in diesen Zeiten sammeln durfte, wird von den goldgelben Strahlen, die dich heilwirkend umgeben, getragen. Die größte Weisheit jedoch ist, die Liebe im Frieden zu finden, die Aufgabe eines jeden Kampfes in der Gewissheit, dass alles so, wie es ist, dem göttlichen Plan entspringt. Diese Sicherheit sowie das Gleichgewicht deiner Sinne geben dir den Mut und die Zuversicht, deine Wahrheit vollständig zu leben und deinen Weg gefestigt zu gehen, immer einen Schritt voraus, nun auch anderen diesen Pfad aufzuzeigen. Ich segne die Öffnung deines erkennenden Geistes, verneige mich liebevoll und lächelnd vor dir und schicke dich fröhlich deines Weges weiter."

Du verharrst einen kurzen Moment, lässt die Worte von Meister Konfuzius tief in deinem Sein wirken und trittst, wenn für dich der richtige Zeitpunkt gekommen ist, auf die nächste Stufe.

Stufe 3: LADY ROWENA

Leicht wie eine Feder umgibt dich die unendliche Liebe von Rowena. Auch sie ergreift nun deine Hand, und allein durch diese Berührung kannst du ein Prickeln fühlen, das innerhalb von Sekunden in deinem ganzen Körper spürbar ist; wie elektrisierend durchströmt dich dieses liebende rosafarbene Licht. Rowena schaut dir in die Augen und bittet dich schweigend, mit ihr diesen dritten Pfad entlangzugehen. Während eures gemeinsamen Spaziergangs leitet sie – zu dem dich bereits umhüllenden rosafarbenen Licht – ihre tiefe Liebe über deine Hand in dein Herzzentrum. Und nun, fast schon am Ende dieses Pfades, kniet Rowena nieder, hält deine Hand und spricht zu dir:

„Ich fühle so viel Liebe für dich in meinem Herzen, dass es hierfür keiner Worte bedarf. Nimm meine Liebe als mein Geschenk, erinnere dich immer wieder an dieses Gefühl und trage es weiter in die Herzen der Kinder. Mein Segen und diese unendliche Liebe sind jetzt und für immer die stummen Begleiter deines Seins. Wie ein Tautropfen den neuen Morgen ankündigt, bringt meine Liebe die Erfüllung einer jeden Sehnsucht."

Benommen wie in einem Rausch aus reiner Liebe nimmst du noch einmal einen tiefen Atemzug, verabschiedest dich in aller Ruhe von Rowena und setzt dann wieder mit deinem vollen Bewusstsein einen nächsten Schritt in den sich anschließenden Bereich.

Stufe 4: SERAPIS BEY

Serapis Bey ist es, der dich nun in seiner weiß-schimmernden Energie willkommen heißt und behutsam seinen Arm um deine Schulter legt. Wie zwei seit langen Zeiten Vertraute schlendert ihr gemeinsam über dieses Plateau, schweigend und in vollem Genuss dieser Energie. Gerade diese Ruhe ist es, die dich erkennen lässt, auf welchem Weg du dich gerade befindest und welch großartiges Ziel vor dir liegt. Und doch bist du die Ruhe selbst. Serapis Bey beendet dieses Schweigen und richtet nun direkt seine Worte an dich:

„Selbstlose Liebe ist es, die dich auf diesen Pfad des Lichts gebracht und den Weg für dich geebnet hat. Ich möchte dir nur eins mit auf den Weg geben: Bedenke, dieser Pfad ist ein Geschenk der Quelle an dich, hier musst du für eine Zeit nichts mehr bewusst für deine eigene Entwicklung tun, nur annehmen. Das Wandern auf diesem Plateau in meiner Energie hilft dir dabei, dich weit zu öffnen, damit du die Liebe aus unseren Reichen vollkommen in dir spüren und in dich aufnehmen kannst; denn je weiter und größer die Liebe dein Sein macht, umso heller wird der Diamant in deinem Herzen strahlen. Deshalb atme noch einmal tief in diese Energie hinein. Erst wenn du soweit bist, nehme ich meinen schützenden Arm von deiner Schulter und streichele dir zum Abschied sanft über die Wange.“

Du bedankst dich, kommst zur Ruhe und setzt erst in dem für dich richtigen Moment deinen Fuß in die angrenzende Ebene.

Stufe 5: HILARION

Hilarion streckt dir schon begrüßend die Hand entgegen und zieht dich sogleich in den Bereich seiner grünen Energie. Er empfängt dich mit folgenden Worten:

„Tapferkeit und Mut waren gleichfalls deine Begleiter, die dich heute in dieser Art und Weise bei mir haben ankommen lassen. Meine heilenden grünen Strahlen werden dir die Stärke verleihen – gleich einem Elefanten –, Hindernisse aus dem Weg zu räumen, sofern dieses mit dem göttlichen Plan vereinbar ist. Spüre tief hinein in die dich umkreisende Energie und fühle, wie das grüne Licht von innen heraus stark macht und es dir unendliche Kraft verleiht. Und so bitte ich heute auch dich, der oder die du so kraftvoll schon deinen Weg gegangen bist: Wenn sich eine kraftlose Seele hilfesuchend an dich wendet (gleich ob Mensch, Tier, ja, selbst dem kleinsten Grashalm kann es womöglich an Stärke mangeln), so verbinde dich mit dieser für dich im Moment spürbaren grünen Energie. Ein Gedanke von dir reicht aus, und du wirst mit unserer Ebene verbunden sein. Mein treuer Freund Ganesh ist gleichfalls hier, um dich in deiner kommenden Arbeit zu unterstützen."

Mit einem aufmunternden Lächeln und einem abschließenden segnenden Schulterklopfen verabschiedet sich Hilarion von dir. Auf deine Art und Weise drückst du deinen Dank aus, und stark wie du bist, gehst du erneut eine Stufe weiter.

Stufe 6: LADY NADA

Du spürst mit deinen Füßen, dass sich der Untergrund anders und ungewohnt anfühlt. Ein Blick auf den Weg zeigt dir, dass dieser über und über mit goldenen und tiefroten Kristallsteinen gepflastert ist. Wie aus dem Nichts aufgetaucht, steht Lady Nada vor dir, und mit einem empfangenden liebevollen Blick richtet sie ihre Worte an dich:

„Ich bin die Botschafterin des Friedens und der reinen Liebe. Alle meine Botschaften sind bereits in deinem Herzen angekommen, und so bleibt mir heute nur, mit dir gemeinsam und in tiefer Liebe zu dir diesen Abschnitt entlangzulaufen. Meine Schwester, mein Bruder, reiche mir deine Hand und erinnere dich mit jedem Kristallstein, den deine Füße spüren, an meine unendliche Liebe zu dir. Die Essenz deines Weges ist die tiefe Liebe von Gott Vater und Gott Mutter, vereint in jedem einzelnen Kristallstein. Spüre die Großartigkeit, wie es sich anfühlt, auf einem Weg bedingungsloser Liebe zu wandeln. Und so fühle dich zu Hause, denn meine Liebe wird es sein, die dich von heute an tragen wird. In dieser tiefen Liebe segne ich dich und lasse dich weiterziehen.“

Stufe 7: SAINT GERMAIN

Nach einer kurzen und für dich angemessenen Pause gehst du in die angrenzende Ebene. Wie aus einem violetten Wirbelwind heraus tritt Saint Germain vor dich und deutet dir an, nun ein Stück mit ihm des Weges zu gehen. Und so richtet er während eures Streifzugs folgende Worte an dich:

„Meine Gabe an dich ist die Flamme der Veränderung. Mit meinem violetten Licht kannst du einen impulsiven Anstoß zur Änderung geben, was in dieser Form nicht zu sein braucht, oder wenn die Entwicklung ins Stocken geraten ist. So kann in Kürze vieles zur Auflösung gebracht werden, denn jedes Thema, das abschließend bearbeitet wurde, setzt den Lauf der Erinnerung frei. So öffne ich dieses Wunder für dich, indem ich dir einen violetten Strahl in deine rechte Hand leite. Wie ein winziger violetter Kristall befindet sich in der Mitte deiner rechten Hand ein Kern, der die sofortige Verbindung zu mir oder auch ein eigenmächtiges transformierendes Handeln deinerseits ermöglicht. Lass einfach im Bedarfsfall aus diesem winzigen Kern heraus den benötigten violetten Strahl entstehen. Alles, was du damit auflöst, macht den Weg frei, um immer mehr Licht auf die Erde scheinen zu lassen, und so werden sich auch immer mehr Seelen an die liebende Verbindung dieses Lichts erinnern. Es wirkt auf sie wie eine Postkarte von zu Hause, voll mit Bildern der Erinnerung.

So lege ich meine Hand auf dein Haupt und weihe dich somit ein in die violette, alles durchdringende göttliche E- nergie des siebten Strahls. Ich hoffe von ganzem Herzen, dass dich diese Energie in der Erfüllung unserer göttlichen Mission unterstützen wird.

Auch ich bin jederzeit bei dir, wenn du nach mir rufst. Doch bedenke und beachte in Anerkennung dieser kraft- voller Energie: Dein Wille geschehe, nicht der meine. Schätze den Weg einer jeden Seele und lass sie den Zeit- punkt ihres Erwachens selbst wählen. Pflanzen- und Tier- seelen jedoch kannst du ohne willentliche Zustimmung durch diese transformierende Energie unterstützen, lege hier die Anwendung in deine eigene intuitive Wahrheit. Bei menschlichen Seelen muss der Grad ihrer Entwicklung vorangeschritten sein, damit ihnen diese erlösende Trans- formation zukommen kann. In dem Moment, in dem sie um deine Hilfe bitten, ist es der richtige Zeitpunkt.

Ich segne dich, umarme dich mit all meiner Liebe, und wisse: Ich bin überglücklich, dass du nach Hause gekom- men bist."

Auch diese Energie lässt du wieder in aller Ruhe in dein Sein sinken; erst wenn du wieder ganz bei dir ange- kommen bist, trittst du in die nächste Ebene ein.

Stufe 8: MAHA COHAN

Mit beiden Beinen auf der nächsten Etappe angekommen, hast du ein Gefühl, als würdest du dich im Inneren einer Welle befinden, umgeben von leuchtenden
Farbpartikeln, angefärbt durch das strahlende Türkis des
Meeres. Wie von dieser Welle getragen, ist nun Maha Cohan an deiner Seite und bittet dich, mit ihm die Strecke
seiner achten Ebene, sitzend neben ihm auf dem Rücken
einer Welle, zurückzulegen. Mit der Hand zeigt er auf die
Stelle direkt neben sich und deutet dir an, Platz zu nehmen. Schützend legt er seinen linken Arm um dich, und
mit einer kleinen Bewegung seiner rechten Hand beginnt
er, die Welle in Bewegung zu setzen. Sanft und doch ziel-
gerichtet leitet Maha Cohan eure Welle immer höher und
höher; am höchsten Gipfel, kurz bevor sie bricht, bringt er
sie durch ein Schnipsen seiner Finger zum Stillstand. In
einem Moment der vollkommenen Stille, der sich anfühlt,
als hätte er gleichfalls die Zeit angehalten, schaut er dich
an und spricht zu dir:

„Wie das Ansteigen der Welle, so, mein(e) Freund(in),
ist dein Aufstieg ins Licht zu sehen. Je mehr sich die Welle in die Höhe ausdehnt, desto mitreißender nimmt ihr
Format zu, und umso kraftvoller wird sie. So ist es auch
bei dir. Auf dem Weg nach oben, angezogen durch das
immerwährend für dich scheinende Licht, haben sich dir
nach und nach die Schlüssel des Himmelreichs offenbart.
Sie haben dir mitunter die Kraft gegeben und den Weg

geöffnet, heute hier zu sein. Diese Kraft birgt zugleich sehr viel Macht in sich, und uns allen ist bewusst, dass die Ausübung derselben dich zögerlich werden lässt in der Anwendung. Diese Zweifel möchte ich dir mit dem Gleichnis der Welle nehmen.

Hier, hoch oben auf dem Gipfel, wage einen Blick zurück und nimm die Weite des Meeres wahr. Dein Weg hat dich weit nach oben geführt, doch getragen wirst du von der Gesamtheit dessen, was ist. So nimm den Gipfel der Welle als Plattform, sei ein Leuchtturm für alle und schenke ihnen von ganz weit oben die strahlendsten Augenblicke, lass sie erahnen, dass sie nur auf die Welle aufspringen müssen. In Übereinstimmung mit den göttlichen Gesetzen ist die Anwendung dieser Macht ein gesegnetes Mittel, um die dir angedachten Wunder zu vollbringen.

Schau, wie ich nur durch ein weiteres kleines Zeichen meiner Finger unsere Welle wieder in Bewegung setze, damit wir langsam und sanft wieder den Boden unter den Füßen spüren können. Hab Vertrauen in die dir gegebene Macht und finde Sicherheit durch meinen Segen, der dich auf deinen Wegen begleiten wird."

Ihr verabschiedet euch voneinander, und Maha Cohan deutet dir mit einem liebevollen Kopfnicken an, in den nächsten Bereich aufzubrechen.

Stufe 9: SANANDA

Kaum in der nächsten Ebene angekommen, spürst du einen wärmenden und prickelnden Luftzug in deinem ganzen Körper. Du schaust dich um und erkennst, dass du auf einer wunderschönen grünen Wiese stehst, umgeben von zahllosen roten und blauen Schmetterlingen, deren flatternde Flügel es sind, die dich diesen angenehmen Luftzug fühlen lassen. Es sind so viele Schmetterlinge, dass die Blau- und Rottöne einzeln gar nicht mehr wahrnehmbar sind, sich die Farben vermischen und es auf dich wirkt, als würdest du in einer purpurfarbenen Wolke stehen. Du setzt dich auf die Wiese und drehst deine Handflächen nach oben, um die Energie der Schmetterlinge noch mehr in dir zu spüren. Dein Bewusstsein ist noch ganz auf die Herrlichkeit dieser Farbenpracht ausgerichtet, als in deine purpurfarbene Wolke Sananda tritt und kniend vor dir Platz nimmt. Er schenkt dir ein willkommen heißendes Lächeln und schaut dir tief in die Augen. Du atmest diese Energie kraftvoll ein und bemerkst nebenbei, dass selbst die Schmetterlinge so von diesem Moment ergriffen sind, dass sie vollständig zur Ruhe kommen und mit ihren bunten Flügeln die Wiese in ein rot-blau-purpur strahlendes Farbenmeer verwandeln. Tief in deinem Inneren weißt du, dass dieses Bild sehr wichtig für dich ist und noch lange nachwirken wird.

Sananda nimmt deine Hand in seine und erklärt dir:

„Einzeln scheinen die Schmetterlinge nur in ihrer eigenen Farbe, was sie gemeinsam zu bewirken imstande sind, dieser Zauber ist gerade für dich sichtbar. Jeder Einzelne unter ihnen bringt Frieden und trägt die Gnade in sich, Vergangenes mit einem einzigen Flügelschlag aus deinem Sein zu wirbeln. Es ist die Gnade, die du auf dieser Ebene erfahren darfst, vollkommene Gnade für dich, mein Kind.

Nur in der Freiheit von der Vergangenheit und einer losgelösten Zukunft können die Wunder des Augenblicks in deinem Leben geschehen. So sei frei, jetzt!"

Sananda steht auf und zieht auch dich mit seiner Hand in die Höhe. Gleichzeitig beginnen auch alle Schmetterlinge wieder damit, sich quirlig in der Luft zu drehen. Sananda streckt seine Hand aus, und auf ihr landet ein wild mit den Flügeln flatternder, wunderschöner roter Schmetterling.

„Sein Name ist Malakor, und wenn es der Wunsch deines Herzens ist, wird er dich ab heute begleiten und dabei unterstützen, überall dort Frieden zu bringen, wo die Zeit reif ist für Vergebung. Jeder Flügelschlag von Malakor bringt Gnade und Barmherzigkeit mit sich. Mein Segen ist mit dir."

In aller Ruhe verabschiedet ihr euch voneinander, und du begrüßt deinen neuen Freund.

Gemeinsam mit Malakor, der sich irgendwo in deinem Sein einen festen Platz sucht, gehst du in die nächste Stufe deines Einweihungspfads über.

Stufe 10: KUTHUMI

Kuthumi empfängt dich auf einem über und über mit Gold gepflasterten Verbindungsweg. Er schließt dich fest in seine Arme, und durch die Nähe kannst du die liebende Wärme seines Herzens spüren. Während eurer Umarmung flüstert er dir seine weisen Worte ins Ohr:

„Die gelebte Weisheit des Geistes in Verbindung mit der reinen Liebe des Herzens macht den Weg frei und beinhaltet sozusagen die Eintrittskarte in das kommende Goldene Zeitalter. Das Gold, auf dem du gerade stehst, trägt den schwungvollen Klang der Neuen Zeit bereits in sich. Nimm die Schwingung unter deinen Füßen wahr und lass uns gemeinsam die Strecke über diese zehnte Ebene zurücklegen."

Während eures Bummels inmitten dieser goldenen Allee spricht Kuthumi zu dir:

„Schau, wie die Reinheit des Goldes immer wieder energetische Strahlen in die Luft sprüht und wie goldener Puderzucker zurückrieselt und unseren Körper bedeckt."

Du breitest die Arme aus, um diesen „Goldregen" ganz genießen zu können und beginnst dich vor lauter Glück zu drehen. Kuthumi lässt dich diesen Tanz eine Weile genießen und freut sich mit dir an deiner Glückseligkeit. Im Anschluss richtet er noch einmal seine Worte an dich:

„Die Weisheit deines Geistes hat dein Herz erreicht. So hat sich eine goldene Dreieckspyramide in deinem Sein gebildet, deren Spitze am obersten Rand deines Dritten Auges in der Entwicklung deines Geistes liegt und die hinunter führt bis auf deine Brustebene, sodass dein Herz in ihrem Mittelpunkt allezeit geöffnet bleiben kann, immer im Schutz der gesegneten Pyramide.

In dieser Verbindung, angeknüpft an das Bewusstsein der goldenen Pyramide, wird dein Weg sich immer klar und deutlich abzeichnen, und ich kann den Kelch in deinem Herzen allezeit mit meiner Liebe füllen. So sind die tiefe Liebe zu dir wie auch mein Segen ein immerwährender Bestandteil deines Wegs ist das Goldene Zeitalter.“

Kuthumi nimmt dich zum Abschied noch einmal fest in seine Arme, und du nimmst dir ausreichend Zeit, um dich von ihm zu verabschieden. Erst wenn du dich wieder gesammelt hast und ganz bei dir bist, gehst du weiter.

Stufe 11: MAITREYA

Das erste Bild, das sich dir auf dieser Ebene zeigt, ist Maitreya, der sitzend in Meditationshaltung, angelehnt an einen uralten Baum, wartend zu dir herüberschaut. Er gibt dir ein Zeichen, ihm gegenüber Platz zu nehmen, und es vergeht eine ganze Weile, bevor Maitreya zu dir spricht.

„Geliebtes Kind, es ist ein wunderbares Gefühl, dich hier auf der 11. Ebene ankommen zu sehen. So viele unter euch warten und hoffen immerzu noch auf einen Messias, der eigens für sie kommt, um ihnen den Weg in das gelobte Land zu weisen. Die Erkenntnis zu erlangen, dass dieser heilige Platz in ihnen selbst liegt und diese Entdeckung der Schlüssel zur Aufhebung der geistigen Grenze ist, war und ist nicht einfach, und so manche Wege sind noch voll mit Steinen und Hindernissen. Es erfüllt mein Herz mit unendlicher Freude, dass du unbeirrt, stetig an deinen Aufgaben wachsend, hierher gefunden hast und mir nun gegenübersitzt.“

Liebevoll umschließt Maitreya deine Hände und fährt fort:

„Wenn du vor dich schaust, entdeckst du einen kleinen weiß-pfirsichfarbenen Teich. Wenn du diesen durchquert hast, wird dir Sanat Kumara bereits die Hand reichen, um dich in die 12. und somit letzte Meisterebene zu ziehen.

Die Essenz des Teichs ist sinnbildlich das Geschenk eines Lands, in dem Milch und Honig fließen. Die Milch steht für die Gabe, dass alles, was du brauchst, immer in und mit dir sein wird, der Honig verkörpert bedingungslose Liebe und reine Lebensfreude."

Maitreya drückt noch einmal zum Abschied aufmunternd fest deine Hände, und du weißt, dass es jetzt an der Zeit ist, diese Geschenke zu empfangen und den Teich zu durchqueren. Du nimmst dir so viel Zeit für dein Bad, wie du möchtest, liebevoll erwartet dich Sanat Kumara am anderen Ufer.

Stufe 12: SANAT KUMARA

Mit einem freudigen Strahlen in den Augen streckt dir Sanat Kumara bereits seine helfende Hand entgegen und begrüßt dich in seinem Bereich.

„Geliebte Schwester, geliebter Bruder der Quelle, es ist mir ein großes Vergnügen, dich hier in Empfang zu nehmen. Meine Liebe hat dein Sein und jeden deiner Entwicklungsschritte begleitet, immer mit dem sicheren Wissen und der Zuversicht in meinem Herzen, dass du erkennen wirst, wer du wirklich bist, und du dich immer mehr davon distanzieren wirst, wer du zu sein scheinst. Durch deine Erkenntnis kannst du den wahren Schein meiner Ebene wahrnehmen, und so schau, welch anmutiger Glanz der Opale dich hier umgibt. Als wärst du eingehüllt in ein Lichtermeer tausend strahlender um dich tanzender Funken. Nur Opale vermögen in Verbindung mit Lichtstrahlen so in allen farblichen Facetten zu erstrahlen. Lass dich eine Weile ein auf den Tanz dieser leuchtenden schimmernden Strahlen und genieße die Farben in all ihrer göttlichen Ausdruckskraft.

So, wie der Opal die Ausgangsbasis für das sich dir offenbarte Feuerwerk ist, so ist deine Heimat, dein Ursprung, die Quelle allen Seins. Sieh die Farbstrahlen als deine dir selbst auferlegten Lernerfahrungen an, denen du erst durch das Lösen und Erlösen diesen göttlichen Glanz verliehen hast. Dieses „wunder"-schöne funkelnde Feuer-

werk stellt energetisch dar, was du heute bist, ein in allen Farben des Himmels und der Erde schimmernder und immer wieder an sich selbst gewachsener Aspekt der Quelle allen Seins. Sei stolz auf dich und nimm dieses Bild als mein Geschenk für deinen weiteren Weg, auf dem ich dich immer wieder einen Teil der Strecke begleiten werde.

Denn du und ich sind vereint in einer liebenden Quelle aus Allem-was-ist und getrennt von dem, was scheint. Mit diesem Wissen werden wir ihn gemeinsam weitertragen, den strahlenden Glanz bedingungsloser göttlicher Liebe. Mein Segen begleitet dich."

An den Abschluss der 12. Ebene schließt sich eine siebentägige Pause an, die du benötigst, damit die Energien sich setzen und du selbst auch zum Ruhen kommst. Verbringe diese Ruhephase bewusst in dem Wissen und in der Energie deines zurückliegenden Weges, genieße die dir bereits überreichten Präsente und lass deine Vorfreude wachsen und sich auf den Tag ausrichten, an dem dein Weg sich fortsetzt.

Stufe 13 bis 20

Auf den nächsten acht Ebenen begegnest du nacheinander noch einmal den dir so vertraut gewordenen Lenkern der Elemente und ihren Energien. Denn erst durch das Wissen und die Arbeit mit den Elementen konnten die sich an die Meisterebenen anschließenden Stufen frei werden und dir diesen Weg offenbaren. Lege diese Etappen ohne Anweisungen zurück und lass dir dabei so viel Zeit, wie du möchtest. Bestimme dein eigenes Tempo. Auf dem jeweiligen Plateau, auf dem du gerade stehst, wird unter deinen Füßen das Zeichen des jeweiligen Elements in leuchtenden Farben abgebildet sein, um dich mit seiner ganzen Kraft noch einmal zu berühren. Du kannst die Zeit auf den Stufen auch nutzen, um eventuell offengebliebene Fragen an die jeweiligen Lenker zu stellen, setze dich noch einmal in aller Ruhe intensiv mit den Elementen auseinander. Vertraue deiner Intuition und lass dich von deiner Seele führen.

Stufe 13	MARA	Wasserelement
Stufe 14	PELE	Feuerelement
Stufe 15	MAHATMA	Holzelement
Stufe 16	ROWENA, MARIA MAGDALENA, SANANDA	Lichtelement
Stufe 17	PALLAS ATHENE WHITE EAGLE	Luftelement

Stufe 18	LADY GAIA	Erdelement
Stufe 19	GWYNEFER	Metallelement
Stufe 20	RA	Sonnenelement

Nach Abschluss der 20. Ebene bitte ich dich nochmals darum, eine Pause von sieben Tagen einzulegen, in denen die Energien ihr ganzes Potenzial entfalten und sich fest in deinem Sein verankern werden.

Stufe 21: Ebene der Lichtarbeiter

Auf der 21. Ebene heiße ich dich willkommen, es ist die Verbindungsebene, an die sich das Eintrittstor in die energetische Ebene der Weißen Bruder- und Schwesternschaft anschließt. Es ist eine eigens für uns erschaffene Plattform. Der Zeitpunkt, an dem du hier eintreffen wirst, ist entscheidend dafür, wie viele unserer Weggefährten außer mir bereits hier ankommen durften. Wir alle haben uns auf einen Weg begeben, der, wenn wir in der Zeitlinie zurückblicken, sicherlich nicht einfach und manchmal richtig schwer zu gehen war. Doch woran wir gerade auch wachsen durften, die Liebe und das sichere Wissen um die Einheit haben uns beharrlich auf den Weg zurückgeführt.

Hier anzukommen bedeutet die Gnade der erlebbaren Glückseligkeit auf Erden. Viele unter uns spüren noch immer diese tiefe Sehnsucht; heute ist der richtige Moment, sie loszulassen. Auf dieser Ebene, mit der du dich völlig unabhängig von den zurückliegenden Stufen jederzeit verbinden kannst, stehen alle unsere Weggefährten, die über den gleichen Pfad hierherfanden und die das tiefe Gefühl dieser Sehnsucht lange Zeit in sich spürten. Öffne deine Hände hier auf dieser, im göttlichen Licht erstrahlenden Plattform und spüre hinein in die Energie von morgen, denn nichts anderes wird in der kommenden Dimension auf Mutter Erde erfahrbar sein. Der Reichtum, dass dieses Geschenk für uns ab heute schon erfahrbar ist, ist von un-

schätzbarem Wert, vor allem deshalb, weil wir uns jederzeit, wenn wir möchten täglich, wieder mit dieser Ebene verbinden können.

Heute geht der Weg für dich noch ein Stück weiter, aber glaube mir, ich bin mächtig stolz darauf, dich jetzt an die Hand zu nehmen und dich bis zum Eingangstor zur Ebene der Weißen Bruder- und Schwesternschaft begleiten zu dürfen.

Ich bringe dich direkt an das große, vor uns liegende runde, strahlende Lichttor und umarme dich zum Abschied von ganzem Herzen. Die Liebe, die uns über die 21. Ebene verbindet, ist unendlich groß und genauso unbeschreiblich, aber ich bin mir sicher, dass jeder, der hier eintrifft, ihn fühlen kann und immer wieder fühlen wird,– den von Lady Nada so liebevoll beschriebenen Himmel auf Erden.

Aufnahme in den Bund der Weißen Bruder- und Schwesternschaft

Du gehst durch das Lichttor und wirst sogleich von zwei mächtigen Engeln empfangen. Sie führen dich in die Mitte eines großen prächtigen Saales und bitten dich, dort niederzuknien. Mit einem leichten Kopfnicken treten die beiden zurück, und mit deinem Blick ihren Schritten folgend nimmst du wahr, wie sie leise und bedächtig auf der rechten Seite des Saales eine Tür öffnen. Still betreten nun nacheinander die Aufgestiegenen Meister und Engel der Weißen Bruder- und Schwesternschaft diesen geweihten Saal und formatieren sich in einem Kreis um dich herum. Auch deine persönlichen Engel und alle deine himmlischen Begleiter sind heute Mitglieder dieses Zirkels, denn ausnahmslos alle möchten in dieser Feierstunde mit dir sein. In aller Ruhe schaust du dich um und genießt diese bedingungslose göttliche Liebe, die dich umkreist.

Aus dieser heiligen Stille tritt Lady Nada aus dem Kreis heraus und kniet vor dir nieder, sodass euer Blick sich direkt begegnet. Liebevoll streckt sie dir ihre Hände entgegen, die du vertrauensvoll ergreifst. Andächtig und leise, um die Heiligkeit dieses Augenblicks aufrechtzuerhalten, richtet sie ihre Worte an dich:

„Geliebte(r) Schwester/Bruder, willkommen im Kreis aus göttlichem Licht. Wir waren es, die dein Wachstum

begleiteten, dir Halt gaben, wenn deine Erfahrungen dich wanken ließen, und die dich während jedem deiner Atemzüge in unsere Liebe einhüllten, wenngleich dies für dich auch nicht immer spürbar war. Alles in der Hoffnung auf diesen segenreichen Moment.

Nun bist du angekommen in deiner Vollkommenheit und bereit, uns in der Ausführung unserer gemeinsamen göttlichen Mission zu unterstützen.

Durch dein Leuchten bist du zu einem Lichtfunken für die Erde geworden, und gemeinsam mit unseren Strahlen wirst du göttliches Licht dort scheinen lassen, wo Nebelschleier die Lichtquelle noch verdecken.

Wo Netze aus Trauer und Tränen gesponnen wurden, wirst du durch dein Sein und das Einbringen deiner Liebe Netze einreißen und Brücken bauen.

Durch den Klang deines Lachens wirst du die Fröhlichkeit in die Herzen der Menschen zaubern und durch dein gelebtes Glück die Erkenntnis des wahren Reichtums fühlbar werden lassen.

Wo immer Schatten zu sein scheint, bringst du Licht und erhellst die Dunkelheit.

Mit deinem Segen und einem heiligen Augenblick schaffst du Heilung dort, wo vermeintlich Krankheit ist."

Nun löst sich auch Sananda aus dem Kreis, und mit leisen Schritten tritt er hinter Lady Nada. Andachtsvoll übergibt er ihr ein weißes Samtkissen, in dessen Mitte sich ein wunderschöner Siegelring befindet. Sananda schenkt dir noch ein ergriffenes, aus tiefem Herzen kommendes Lächeln und kehrt still auf seinen Platz innerhalb des Kreises zurück. Lady Nada nimmt den Ring, und du bemerkst, wie alle in der Runde um dich herum bewegt niederknien und ihre Handflächen nach oben gerichtet auf dich zeigen. Lady Nada steckt dir sehr gefühlvoll den schillernden Siegelring über deinen linken Ringfinger, und du erkennst auf dessen Oberseite die bildschöne Gravur einer weißen Rosenknospe. Noch ganz ergriffen von diesem Moment bedeutet Lady Nada dir und auch den anderen aufzustehen, und Hand in Hand reiht ihr euch ein in den göttlichen Kreis. Sonne dich in dieser Energie und erkenne ganz bewusst deinen Platz innerhalb dieser Runde.

Auch Kuthumi nutzt den Augenblick und spricht zu dir:

„Wisse, mein Bruder, meine Schwester, über den Ring der weißen Rose stehst du mit jedem von uns in ewiger Verbundenheit. Das größte Geschenk des Himmelreichs ist die Liebe, und diese Liebe ist das heilige Wasser, aus dem die weiße Rose erwachsen ist. Mit deiner Aufnahme in unser Bündnis kannst du jeden von uns über die 21. Stufe jederzeit erreichen. Wir sind für dich da, heute, morgen und auf der ganzen Zeitlinie, die ihr Ewigkeit nennt. Nun gehe hin und trage unsere Liebe wie auch unseren

Segen in deinem Ring mit dir, wir alle tragen ihn als Zeichen unserer innigen Verbundenheit.

Löse dich nun sanft aus dem Kreis und nimm dir alle Zeit der Welt, um dich bei deinen Brüdern und Schwestern zu bedanken und dich für heute zu verabschieden. Wenn du so weit bist, lass dich von Lady Nada an das Eingangsportal bringen, durch das du wieder die 21. Ebene erreichst. Dort beginne, dich mithilfe deines immer tiefer und bewusster werdenden Atems langsam mit deinem physischen Sein zu verbinden, um nach und nach wieder bei dir anzukommen."

Danksagung

Keine Liebe, keine Freundschaft kann unseren Lebensweg kreuzen, ohne für immer eine Spur zu hinterlassen.

Francois Mauriac

Danke allen Meistern, Engeln und Lichtwesen, dass ich als Medium dienen darf für diese wundervollen Energien, für das Vertrauen in mich und dafür, dass ihr bei uns seid.

Danke an den Smaragd Verlag für die Liebe, die durch eure Arbeit zwischen den Buchdeckeln zu finden ist.

Danke Conny und Jutta für euer offenes Herz, eure Freundschaft und besonders dafür, dass ihr die Energien und Texte mit so unendlich viel Engagement in euren Meditationskreisen weitergebt.

Danke Wolfgang, dass du immer an und vor allem auf meiner Seite bist, wo immer meine Spur gerade entlangläuft. Du gibst mir die Sicherheit und den Mut, unbeirrt auch auf holprigen Strecken dem Weg meines Herzens zu folgen.

Danke an alle meine Lehrerinnen und Lehrer, die meinen Lebensweg bisher kreuzten, die mich unermüdlich förderten und immer noch fördern, allen voran Michael Barnett.

Und mein ganz besonderer Dank gilt dir, denn du bist durch dieses Buch auch ein Teil meines Weges geworden.

In Liebe,
Daivika

Mehr Informationen zu Workshops und Meditationskreisen finden sich auf der Homepage der Autorin unter

www.daivika.de

oder auf Anfrage per Email unter

daivika@t-online.de.

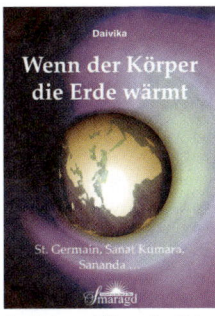

Daivika
Wenn der Körper die Erde wärmt
Saint Germain, Sanat Kumara, Sananda …
80 Seiten, A 5, broschiert
ISBN 978-3-941363-16-8

Dem Ruf von Saint Germain folgend, öffnete sich die Autorin 21 Durchsagen mit dazugehörigen Meditationen aus der Geistigen Welt (Sanat Kumara, Mutter Maria, Sananda, Kuthumi, El Morya, Lady Nada, Miranlaya u.v.m.), die unseren physischen Körper in die energetische Schwingung bringen, die dieser bis 2012 erreicht haben sollte, um die Energie des Aufstiegs aushalten und mit der Erde aufsteigen zu können. Auf dem Weg dorthin, der in einem heiligen Augenblick in den Armen von Sananda im Fluss der Einheit endet, finden immer wieder göttliche Begegnungen statt, die uns Stück für Stück an den hieraus gewonnenen Erkenntnissen wachsen lassen.

Michaela Ghisletta
Der Wandel vom Ich zum Wir
160 Seiten, A5, broschiert
ISBN 978-3-941363-30-4

Wie oft definieren wir uns über das Außen, über unseren Beruf, welches Auto wir fahren, über unsere Wohnsituation oder wie wir aussehen? Spiegelt unser Außen wirklich unser wahres Empfinden, unser wahres Sein wider, oder ist es nur eine Illusion, die wir um uns herum aufgebaut haben?
Wie viele Menschen wissen überhaupt, wer sie sind? Weißt du es?
In diesem Buch findest du Impulse, Meditationen und Rituale, wie du besser erkennen kannst, wer du bist. Wenn wir wissen, wer wir sind, brauchen wir nicht mehr zu kämpfen, um uns zu beweisen. So entsteht Harmonie, erst in uns selbst und dann auch im Außen. Das ist die Neue Zeit. Sie beginnt jetzt!

Elke Fahrenheim
Die Schule des Lebens von Gott
Gespräche mit den Seraphim
336 Seiten, A5, gebunden, mit Leseband
ISBN 978-3-941363-29-8

In Liebe leben – wie geht das eigentlich? Wie und wo finden wir Gott in uns? Wie können wir mit Gott sprechen? Gibt es einen Platz in unserem Inneren, von dem aus sich die Liebe vergrößern lässt? Wie verstehen wir das irdisches Leben besser? Was ist der Unterschied zwischen irdischem und göttlichem Denken? Wie kommen wir mit der göttlichen Essenz in Kontakt? Was war vor unserer Inkarnation?
Öffnen wir unser Herz für die Botschaften der Seraphim, wird es uns möglich, Gott auf eine ganz neue Weise zu erfahren und eine tragfähige Beziehung zu ihm aufzubauen. Und letztendlich bedeutet es, dass wir in eine Liebesbeziehung zu uns selbst treten.

Bernadette Suter
Vywamus – Sei der Erde ein Licht
Antworten auf Fragen unserer Zeit
288 Seiten, A5, broschiert
ISBN 978-3-941363-33-5

In diesem Buch spricht das Bewusstsein vieler kosmischer Meister, Engel und Erzengel zu uns. Es werden darin 22 spirituelle Weltthemen angesprochen. Die Botschaften sind voller Liebe, Klarheit, Wissen, Weisheit und Güte und getragen von der Energie der Neuen Zeit. Sie geben uns Zuversicht und weisen uns den Weg in und durch das goldene Zeitalter.
Viele Fragen von Menschen jeden Alters und unterschiedlicher Kultur werden liebevoll beantwortet, und wir spüren deutlich, dass wir von der Liebe getragen und dabei sind, zu unserem ursprünglichen Dasein im Licht zu erwachen.
Es wird unsere Geschichte erzählt vom Heute zum Morgen, ins Erwachen und Erleben der Neuen Zeit.

Kerstin Simoné
Thoth im All-Tag – Arbeitsbuch für die Jetztzeit
232 Seiten, A5, gebunden mit Leseband
ISBN 978-3-941363-37-3

Thoth offenbart uns in diesem Arbeitsbuch alle wahrhaftigen Schätze der gelebten Weisheit für die Jetztzeit und geleitet sie in einer wundervollen und leicht verständlichen Art für jeden Interessierten zur Anwendung. Anhand vieler verschiedener Übungen werden die Schwingungsfrequenzen deutlich erfühlt, und jeder erhält dadurch die Möglichkeit, zu wahrhaftiger Meisterschaft innerhalb der Materie zu gelangen. Gleichsam werden die sieben Siegel und die damit verbundenen Schöpfergötter klar und deutlich innerhalb dieser Übungen offenbart und die Pforten, die in uns selbst liegen, mit unbeschreiblichen Frequenzen erfüllt.

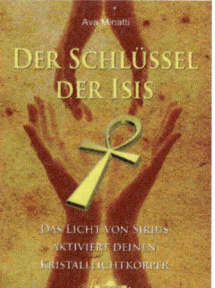

Ava Minatti
Der Schlüssel der Isis –
Das Licht von Sirius aktiviert deinen Kristalllichtkörper
304 Seiten, A5, gebunden, mit Leseband
ISBN 978-3-941363-27-4

Der Schlüssel der Isis ist ein Wegbegleiter für den Aufstieg in das neue Bewusstsein. Seine Aufgabe ist es, unseren Kristall- beziehungsweise Christuslichtkörper strahlen zu lassen. Isis leitet die Programmierung von neun Bergkristallspitzen an, die in Form des Ankh genutzt werden können. Diese sind Energieankerpunkte in der Materie und helfen der persönlichen Entwicklung und Heilung. Dabei unterstützen uns weitere Lichtwesen, wie beispielsweise Maria von Nazareth, Sirilia von Sirius, Osiris, Hathor, Djwahl Khul und Sanat Kumara. Der Schlüssel der Isis fördert die Kommunikation mit Sirius und lässt unser Sternenlicht leuchten. Die Erneuerung der Priesterschaft des Lichts geht weiter. Mögen wir erwachen und unseren Platz einnehmen, um zu sein, was wir sind. Sei gesegnet.

Eva-Maria Ammon
Maria – Die Mutter Jesu im Wandel der Zeit
360 Seiten, A5, gebunden, mit Leseband
ISBN 978-3-941363-36-6

Maria, die Mutter Jesu, von Männern erschaffene Ikone des Leidens, ergreift nun endlich selbst das Wort. Weit entfernt von dem Klischee der leidenden Mutter Jesu lässt dich Maria, genannt Macaria Mahnaz, authentisch und voller weiblicher Intuition an ihrem Leben teilhaben.
Sie befreit mit ihren Worten die Frauen dieser Erde aus dem Zwang der Unterdrückung der weiblichen Kraft durch die Religionen und des Patriarchats. Hier spricht eine ganz andere Maria, als die, an die zu glauben wir als Kind gezwungen wurden.
Eine neu erzählte, das Herz berührende Lebensgeschichte und zugleich ein tiefgehender Wegweiser für das Lichtzeitalter.

Christoph Wille
Jeshua im Herzen
Begegnung mit einem Unbekannten
136 Seiten, A5, broschiert
ISBN 978-3-941363-32-8

Kurz davor, dieser Welt den Rücken zu kehren, ergibt sich für einen Mittdreißiger eine seltsame Begegnung. In der schwersten Stunde offenbart sich plötzlich eine leise Stimme. Wie schwierig kann sich das tägliche Sein gestalten, wenn es plötzlich auch noch darum geht, Worte eines Unsichtbaren zu hören? Doch wenn die Stimme zu einem liebevollen Freund wird und im Wust der Einflüsse des täglichen Lebens hilft, uns die Augen zu öffnen, und nicht nur die, dann kann das berühren, was als Leben gemeint ist. Durch dieses Buch gibt sich Jesus in der heutigen Zeit zu erkennen. Er wirkt deutlich im Hier und Jetzt in vielen Begebenheiten des täglichen Lebens, und der Leser bekommt die Möglichkeit, mit ihm direkt in Kontakt zu treten.

Barbara Sommer
Bäume – Die Wurzeln Gottes
Botschaften für den Wandel
176 Seiten, A5, broschiert, vierfarbig
ISBN 978-3-941363-31-1

Die Botschaften der Bäume zeigen uns auf, wie sehr wir mit der Natur insgesamt und mit den Bäumen im Speziellen verbunden sind. Mit liebevollen und aufmunternden Worten fordern sie uns auf, ihre Heilkraft für unser Leben zu nutzen.
Immer wieder betonen sie, dass erst im Miteinander unsere innere Schönheit voll erblühen kann. In jeder Zeile ist die große Liebe und die Verbundenheit der Baumseelen zu uns Menschen fühlbar. Die weisen und liebevollen Mitteilungen der Bäume füllen die Herzen der Leser mit Frieden und der Gewissheit, dass wir alle ein vollkommener Teil eines vollkommenen Ganzen sind. Mit zahlreichen farbigen Abbildungen.

Christina Wiedemann
Jetzt heile ich mich selbst!
Sieben Selbstheilungstechniken vom Heilungsrat der Sieben
ca. 160 Seiten, Großformat, gebunden, mit Leseband
ISBN 978-3-941363-34-2

2006 trat der Heilungsrat der Sieben (Isis, Hilarion, Metatron, Saint German, Lady Nada, Jesus, Maria Magdalena) an das Medium heran und teilte sieben Selbstheilungstechniken mit, die es galt, sprachlich und grafisch leicht verständlich umzusetzen. Auf das Wesentliche konzentriert, werden Auralehre, Chakrenlehre, kosmischer Verbindungsaufbau, Kreieren eines Auraschutzes, Kreieren einer Energiekugel sowie die Wichtigkeit des endokrinen Systems für die Gesundheit erläutert.

Der Leser lernt Schritt für Schritt, seinen persönlichen Weg zum Inneren zu finden und sich selbst als Lichtwesen zu verstehen. Mit zahlreichen farbigen Abbildungen.

Martin Dörnhöfer
Die Formel der Liebe
Das Geheimnis der Seelenpartner und der Weg zur wahren Liebe
392 Seiten, A5, gebunden, mit Leseband
ISBN 978-3-941363-35-9

Warum treffen die meisten Singles immer wieder auf die gleiche Sorte Partner? Was ist der Grund hinter den alltäglichen Machtkämpfen in der Partnerschaft? Gibt es einen Seelenpartner? Was ist Liebe? Lässt sich Liebe mit nur zwei Worten beschreiben? Der Autor erläutert, wie wir durch zwei einfache Faktoren in der Lage sind, unser Leben glücklich und in Liebe zu leben. Das Loslassen unserer Ängste und das Vertrauen in unsere Herzenswünsche sind der Schlüssel für dieses bewusste und liebevolle Leben. Alles, was wir zu Beginn dafür tun müssen ist, eine Entscheidung darüber zu treffen, wie sich unser Leben in Zukunft entwickeln soll. Angst oder Liebe? Denn alles beginnt mit einer Entscheidung.

Sabine Skala
Herzkommunikation
Wiedervernetzung der Herzen auf Erden
264 Seiten, A 5, broschiert
ISBN 978-3-941363-15-1

Von verschiedenen Meistern und Lichtwesen aus der Lichtebene wurden nun neue Informationen rund um das Thema Herzensenergie durchgegeben.

Zudem vermittelt die Geistige Welt weiteres Wissen zu den Bereichen: energetische Partnerschaft und Seelenvereinigung, Kreatives Bewusstsein, Seelengruppen, Wirkung der eigenen spirituellen Fähigkeiten, das Herznetz der Kinder, neue Berufe der Lichtarbeiter und die kleinen Lichtboten, unsere Tiere, damit wir neue Sichtweisen erlangen und auf diese Weise lernen, die kraftvolle Energie unseres Herzens zu leben und kreativ, aber auch achtsamer mit uns und der uns inne wohnenden Macht umzugehen.

Julia Schuricht
Maitreya – Die sieben Lektionen der Liebe
232 Seiten, A5, broschiert
ISBN 978-3-941363-25-0

Dieses Buch enthält die geheimen Schlüssel des Einweihungs-wegs des Herzens. Maitreya beschreibt sie als sieben Stufen auf einer Leiter, die ineinander verwoben und nicht wirklich voneinander zu trennen sind, und gibt tiefe Einblicke in uni-verselle Zusammenhänge des Seins und der Schöpfung sowie der Menschheitsgeschichte. Durch Erleben und Integrieren der „Lektionen der Liebe" erlebt der Mensch, der in diesem Pro-zess der Meisterschaft sein Herz vollkommen öffnet, seinen Weg in die Freiheit des Seins.

Leila Eleisa Ayach
Seelenverträge - Absprachen in Liebe
152 Seiten, A5, broschiert
ISBN 978-3-941363-24-3

Wir fühlen uns oft machtlos einem Schicksal ausgeliefert, ver-stehen nicht, was mit uns geschieht, sind verwirrt, verzweifelt und traurig. Wir haben unsere Seelenverträge vergessen, nur: Seelenverträge – was bedeutet das?
Jeder von uns hat sich vor seiner Inkarnation auf der Erde ei-nen Seelenplan festgelegt, in dem jede Herausforderung fest-geschrieben ist, die unsere geistige Entwicklung fördert und uns auf den Weg zum Erwachen führt. Die Geistige Welt weiß um unsere Ängste und Nöte, unsere Herausforderungen, aber auch um unsere Sehn-süchte, Ziele und Wünsche, und möchte uns helfen zu verstehen, warum wir bestimmte Erfahrungen in unserem Leben machen.

Andrea Kraus
Toröffnung in die Fünfte Dimension
Energieaufbau durch Metatron, Saint Germain, Kuthumi...
272 Seiten, A5, gebunden, mit Leseband
ISBN 978-3-941363-18-2

Immer spannender werden die Herausforderungen in der Pha-se des Übergangs in ein neues Zeitalter, das wir spätestens am 21.12.2012 erreicht haben. Kein Wunder also, dass viele Menschen aufgrund dieser Umwälzungsprozesse ins Boden-lose stürzen. Und ihre Fragen werden immer dringlicher:
Und da ist sie – die Hilfe aus der Geistigen Welt: Die Aufge-stiegenen Meister, weise Priester und Erzengel stehen uns zur Seite und führen uns durch die Dschungellandschaften des Chaos und der Zusammen-brüche. Ganz konkret nennen sie uns Möglichkeiten und Techniken, mit denen wir uns selbst helfen können, unsere Gefühle zu heilen, um schließlich Schritt für Schritt in ein erfülltes Dasein zu gelangen.